新经济浪潮

钱志新 ◎著

企业管理出版社
ENTERPRISE MANAGEMENT PUBLISHING HOUSE

图书在版编目（CIP）数据

新经济浪潮 / 钱志新著 . -- 北京：企业管理出版社 , 2022.7
ISBN 978-7-5164-2639-5

Ⅰ . ①新… Ⅱ . ①钱… Ⅲ . ①中国经济 – 经济发展 – 研究 Ⅳ . ① F124

中国版本图书馆 CIP 数据核字 (2022) 第 118217 号

书　　名：	新经济浪潮
作　　者：	钱志新
责任编辑：	杨慧芳
书　　号：	ISBN 978-7-5164-2639-5
出版发行：	企业管理出版社
地　　址：	北京市海淀区紫竹院南路 17 号　邮编：100048
网　　址：	http://www.emph.cn
电　　话：	发行部（010）68701816　编辑部（010）68420309
电子信箱：	314819720@qq.com
印　　刷：	北京虎彩文化传播有限公司
经　　销：	新华书店
规　　格：	710 毫米 ×1000 毫米　　16 开本　　14 印张　　130 千字
版　　次：	2022 年 8 月第 1 版　　2022 年 8 月第 1 次印刷
定　　价：	58.00 元

版权所有　翻印必究　印装有误　负责调换

序：数字新文明

数字化是全新的文明，对数字化的认知经历了从技术层面到经济层面再到社会层面的演进过程，现在必须从文明的高度来提升对数字化的认知。数字新文明作为一个体系，主要由七个方面构成。

一、宇宙结构

1. 宇宙由三元组成，即物质、能量、信息，三者的关系是：物质为基础、能量为动力、信息为根本，信息起到主导作用。

2. 全息理论认为：宇宙大爆炸之前，就存在原生宇宙，这是一个硕大无比的超级信息盘，宇宙大爆炸时信息盘即刻分离，与物质能量结合，信息伴随其中，始终存在。

3. 前沿科学认为：宇宙本质上是个超级大脑，是一个强大无比的信息处理机，通过处理信息，主导物质与能量的转化，从而掌控宇宙中的一切。牛顿、爱因斯坦等伟大科学家，晚年时都认为宇宙中有一种神秘的力量，主宰整个宇宙的运行，这种力量就是宇宙大脑的超级信息处理。信息处理经过编码成为数字，这应该是宇宙中的数字原生。

二、万物皆数

4. 古代数学家毕达哥拉斯认为"万物皆数"。量子世界中"弦"为最小单位，其振动频率为数；生物基因中"ACGT"四个密码都是数；中国周易也认为"易经之源为数"。世界上许多奇异之数是永恒的，如圆周率为"π"3.1415……，黄金分割率 0.618 为宇宙之钥。最为核心的数字为"0"与"1"，构成数字世界的一切。总体来说，万物表示存在方式，数字代表根本属性，数字与万物是一体两面，不可分割，而数为本质。

5. 数字化本质是变革基础结构，数字成为结构之基础，基础逻辑的改变将改变一切。数字化的首要问题是业务与数字之关系，所有业务都是表象，其根基都是数字，从数字这个根基出发，才能解决复杂的业务问题。数字化的机制是数据驱动业务，首先将业务转化为数据，不同的业务变成同源的数据，通过各种数据的聚集、整合和建模，产生新的价值，然后返回到业务中去，最后使业务增值。概括其过程为"两个一切"，即一切业务数据化，一切数据业务化形成闭环增值。数据从业务中来，回到业务中去，实现更大的价值。

6. 数字为智能之源，无数而不智。所谓智能，不是聪明，其本质是对变化的适应性，通过大量数据的洞察和处理产生智能。智能是持续优化的过程，优化是无止境的，以此适应和预判现实世界的不断变化。智能化是数字化的高级阶段,麦肯锡研究院对智能化与工业化作比较研究,认为智能化的科技发展速度是工业化的数十倍,智能化的经济规模是工业化的300倍,智能化的社会影响力是工业化的3000倍,足见智能化的巨大威力。

三、人类迁徙

7. 人类是不断迁徙的。第一次大迁徙是向各个大陆迁徙。10万年前的智人生活在非洲东部,由于大量森林的毁灭,智人被迫向周边迁徙,开始走出非洲。首先迁徙到地中海地区,以后走向欧洲,然后到亚洲、大洋洲直至美洲,迁徙到地球各大陆,大大拓展了智人的生存空间。

8. 第二次大迁徙从大陆向海洋迁徙。大陆仅占地表的30%,70%是海洋。人类为了寻求更大的发展空间,逐步从大陆进军海洋,近代以来从东方到西方许多国家在不断探索中纷纷走向海洋发展,开拓了前所未有的新空间。

9. 第三次迁徙是从地球向太空迁徙。人类对太空的向往由来已久,随着科技的不断进步,逐渐具备走向太空的能力,实际已经到达月球进而向火星进军,现在这个过程正在不断加速,将实现人类走向地外星球。

10. 第四次迁徙是从现实世界向数字世界迁徙。人类每一次迁徙都是一次大进化，向数字世界迁徙是最伟大的迁徙，数字世界是高维世界，使人类在更高维度上发展，产生无限的想象力，对人类的进化具有革命性意义，标志人类走向高级新文明。

四、科技原动力

11. 科技是人类进步的原动力，推动发展的第一生产力。整个人类发展史就是一部由科技推动的工具革命史。最近500年，世界科技发展围绕工具革命有两大主题：第一是机器解放人的体力，蒸汽机和电力都是解放人的体力；第二是机器解放人的脑力，计算机和互联网都是解放人的脑力，科技对经济与社会的影响力与日俱增。

12. 当今，新科技革命迅猛而来，百年未遇的大变局其根源就是科技革命。新科技的第一大特征是"加速度"，其发展速度是以往的十倍、数十倍。科技已经走在经济与社会的前面，引领发展潮流。科技加速度发展的最大挑战就是"多变""变化快"成为发展的主旋律，新科技带来了快速的"多变性"。

13. 新科技的第二大特征是"集成化"，以往都是单项科技的变革，现在是众多科技的大集成，呈现"一主多元"的新格局，以数字科技为主导，形成生物科技、绿色科技、新材料科技、新能源科技等的技术集群。科技集成化发展的最新挑战就是"复杂"，"复杂度"成为发展的新常态，新科技带来了高度的"复杂性"。

14. 新科技产生的"多变性"和"复杂化",综合为不确定性,号称乌卡时代。数字科技是战胜不确定性的强大武器,数据具有应变能力,能以变应变;数据具有洞察能力,能渗透复杂系统。数字科技将化解不确定性,化无序为有序,将乌卡时代转化为确定性。

15. 新科技革命以人工智能为代表,数据是关键要素,算法是核心产品,算力是根本能力。互联网、云计算、区块链、数据中心、交互设施、量子计算等都是新的数字基础设施,共同构建数字化的技术体系。新科技革命的核心是数字革命,将以无限劳动力走向无限计算力,通过无限计算力产生无限创造力。

五、数字化"三生"

16. 人类向数字世界迁徙,必须学会数字化"三生",即数字化生活、数字化生产、数字化生命,实现数字化生存和发展。首先是数字化生活,现在数字化生活已十分普及,通过移动互联网能够实现购物、社交、娱乐、学习、办公等,在线生活高频率、高方便、低成本,成为全新的生活方式。智能手机是数字化生活的工具,未来每个人都将匹配一个"智能助理",享受数字化美好生活。

17. 数字化生产是全面的数字化,农业、工业、服务业、城市、乡村、政务等都要数字化。数字化生产集中体现在三个方面:

第一是决策数字化，运用大数据使经验决策走向科学决策；第二是业务数字化，在各业务场景将专业技术与数字技术相互融合，通过算法提供智能解决方案；第三是流程数字化，通过数据的自动流动，实现工作流程的自动化。

18. 数字化生命是人的生命数字化，碳基生命与硅基生命的融合是人类进化的大趋势。生命数字化有三大路径：第一是数字器官，人体中的器官更换，采用3D打印数字技术制作仿生器官，用作人体医疗；第二是人机融合，应用脑机接口，实现人脑与电脑的连接，进而向人机融合发展；第三是数字人，将人的形体和意识的全部数据复制成数字人，实现数字化永生，生命数字化将势不可当，硅基生命的进化速度将超过碳基生命。

六、三大文明

19. 人类发展进程经历三大文明，即农业文明、工业文明、数字文明。首先是农业文明，大约一万年前人类从游牧时期走向农耕时期，农业成为经济发展的主业，是人们生活的主要保障。农业的生产工具主要是人力和畜力，生产力比较低下，发展速度十分缓慢，人类发展水平呈现平直型状态。

20. 从农业文明走向工业文明是人类发展的大跃升。近300年前的工业革命开启了工业化进程，工业成为经济的核心，支撑人们生活得到提高。以蒸汽机和电力为代表的大机器生产代替人的体力，使工业生产成倍增长，社会财富也大幅度增加。工业生产力是先进生产力，发展速度快速提高，人类发展水平呈线性增长。

21. 从工业文明走向数字文明是历史的必然。传统经济在发展中出现"三过"，即产能过剩、资源过耗、污染过重，数字化是解决"三过"的良方。最近几十年，以计算机、互联网、人工智能为代表的数字技术，对提高传统经济效率、全面提升经济价值起到核心作用。数字化通过网络协同和数据智能两大新机制，实现精准、高效、协同和预判，极大提升整体生产力，产生数以倍计的新价值，从劳动生产力走向数字生产力，人类发展水平呈现指数型增长。

22. 数字化发展要经历两个阶段，数字化 1.0 是从互联网的线下向线上发展，实现线上与线下一体化；数字化 2.0 是从现实世界向数字世界发展，实现现实世界与数字世界相融合。数字化 1.0 是基础，在转型中仅占 20%；数字化 2.0 是关键，在转型中占到 80%。从第一次转型到第二次转型是决定性一步，唯有数字化 2.0 的成功，方能进入数字文明。

23. 在数字化生存中，无论是个体还是群体，数字化能力是第一位的。对于数字世界而言，业务能力仅是基础能力，数字化能力是核心能力。数字化能力是赋能业务能力的，主要是提升其创造价值的能力，一般来说价值能提高3～5倍，充分显示了"数字红利"。

24. 提高数字化能力，要集中解决两大关键问题：第一是"数"，任何地区、企业及个人首先要建设好"数字大脑"，大幅度提高"智商"。通过"数字大脑"，实现数据与系统的大集中、大协同、大共享。第二是"人"，每个人都要不断提高"数商"。在数字世界，业务由机器承担，人主要聚焦数据。人要理解机器，学会与机器共事，实现人机协作。

25. 在数字世界中，软件定义一切。硬件是固定的、标准的，已成为载体；软件是变化的、个性的，已成为核心。通过软件弥补硬件的缺陷，提升硬件的功能，实现硬件的升级，整个价值链中，软件已位居价值的中心。特别是在试错中，软件试错效率高、成本低、周期短，对创新起到决定性作用。

七、元宇宙

26. 元宇宙是数字文明的核心定位。元宇宙是人类的新需求，按照马斯洛五层需求理论，第一层次是生存需求，第二层是安全需求，这两层次的需求已基本满足。当今第三层次的社交需求、第四层次的尊重需求、第五层次的自我实现需求已成为基本的精神需求。相对于物理系统的限制较多，数字系统更能适应精神需求，特别是新时代、Z世代、阿尔法世代对社交、自尊、自我价值的需求更为迫切，在数字世界中方能得到充分的满足，元宇宙就此因势而生。

27. 对元宇宙正确定义十分重要，定义决定意义。元宇宙既不是虚拟宇宙，也不是平行世界。元宇宙最简洁的定义为：高维数实融合新时空，两个世界不是并列的相加，而是融合的相乘，相互的关系是："数实相融，以数强实"，即以实体为基础，以数字为主导。元宇宙为新时空，空间越是分散，时间越是跨越，元宇宙的作用就越大，实现价值也越好。

28. 元宇宙对实体主要有两大作用：第一是赋能，元宇宙加持实体，使实体的功能倍增；元宇宙扩展实体，使实体的能力增益；元宇宙创新实体，使实体的价值升级。第二是升维，元宇宙是升维，从三维以上更高层次发展。高维与低维的根本区别在于数据量，高维的数据量大，由于数据全面，决策科学正确；由于数据精细，细节精准到位。实体领域是线性增长，元宇宙是指数增长，数据一旦越过拐点，其价值将指数级大增。

29. 元宇宙是技术体系，元宇宙是新技术的大集成，其中特性技术，主要包括数字空间技术、交互技术、区块链技术和web3.0。数字空间技术提供人类元宇宙的发展空间，通过数字孪生等建立3D数字模型，布局数字内容。交互技术是进入元宇宙的通路工具，手机和电脑都可以进入元宇宙，但体验性略逊。

新型的数字眼镜包括VR、AR、XR，从在线到在场，胜似身临其境。未来数字眼镜有望替代手机和电脑，成为个人数字工具的主流。

30. 元宇宙的技术底座为区块链，区块链既是信任链，又是价值链，主要来自两大机制：第一是共识机制，在合作社区中建立共识协议，通过数字协议形成信任关系，由代码自动执行。第二是智能合约，为合作社区进行价值确权，通过数字合约共同分享价值，由代码自动执行。区块链成为元宇宙大协作的技术基石。

31. 元宇宙的基础架构为Web 3.0，这是元宇宙最重要的基础。Web 1.0是以公司为中心，Web 2.0是以平台为中心，Web 3.0是去中心化。在Web 3.0中，每个人所产生的数据和数字内容都属于个人所有，实现数字主权，Web 3.0是真正以用户为中心，实施等价的价值交换，体现元宇宙的核心价值。

32. 元宇宙的经济体系，主要包括内容创造、数字资产和经济系统。元宇宙以创造为本，创造驱动一切。内容创造主要来自两大途径：第一是用户创造内容，即UGC，用户既是创造者，又是消费者，也是交易者，用户创造的数据以及价值归用户所有。第二是人工智能AI创造内容，即AIGC，AI也是内容的创造者，AI创造的内容将越来越多，所有内容创造都可以在元宇宙中体现其价值。

33. 元宇宙中全部为数字资产，数字货币是数字资产重要载体，代表性的数字货币有比特币、以太坊等，世界各国都在探索数字货币。除了数字货币以外，各种数据，各类数字产品，各方数字平台等都是数字资产，实体资产也能转化为数字资产。实体资产越来越贬值，数字资产越来越增值，数字资产可以复制，将远远大于实体资产，其价值更为巨大。

34. 元宇宙由经济系统实现价值，其主要方式是 NFT，NFT 为数字资产的凭证，属非同质的数字通证。NFT 确保数字资产的唯一性和真实性，通过发布 NFT 实施数字资产的确权、收藏、流通和交易实现资产的价值，在元宇宙中 NFT 就是数字资产的"上市"。

35. 元宇宙的社会体系，主要包括数字化身、数字社区 DAO 和数字人。首先是数字化身，每个人进入元宇宙都需要有自己的数字化身，这是元宇宙中的数字身份证。数字化身有两种形式：一种是卡通头像，一种是真人复制。数字化身可以自由进出参加元宇宙中的各种活动，还可以自由复制。

36. 元宇宙的组成形式是数字社区 DAO，DAO 是按照某种目的组成的自由人联合体，具有"四共机制"，即自由共生、内容共创、价值共享、社区共治。在 DAO 中每个人都是贡献者，拥有充分的创造权、共享权和民主权。个体在 DAO 可以自由进出，也可以参与多个 DAO，DAO 实现自主发展、自主进化，成为元宇宙中全新的社会组织。

37. 元宇宙中有两大类"人",一类是个体的数字化身,一类是数字人。数字人是人工智能生成的,两类"人"在元宇宙中共同创造内容。特别是数字人具有高效率、低成本、快复制的机制,边际成本为零,而边际收益递增,其创造价值的能力是难以想象的。从这个意义上讲,元宇宙中财富增长将呈现指数效应,有专家预测未来全球新增财富的80%是在元宇宙中实现的。

38. 发展元宇宙集中体现在元宇宙产业和产业元宇宙。元宇宙产业是生态体系,有硬件产业、软件产业和服务产业,产业规模与日俱增。产业元宇宙是大金矿,元宇宙应用于各行各业,最主要的应用是实体产业和实体企业,通过数字与实体的高度融合,实现数字技术赋能实体技术,数字资产赋能实体资产,数字产业赋能实体产业。

39. 元宇宙将引领人类发展进入新文明,集中体现为三大标志:第一是数字技术大集成,应用数字技术的集大成者;第二是数字经济制高点,成为数字经济的最高阶段;第三是数字社会新空间,建成数字社会的全新时空。元宇宙的核心是数字价值观,新的全球化是数字全球化,具有无比的先进性,真正进入人类命运共同体阶段,走向无限美好的人类数字新文明。

前 言

20世纪90年代以来，我一直关注新经济的发展，逐步形成许多碎片化的思考，现在有必要进行系统整理著作成书。新书定名为《新经济浪潮》，围绕这个主题，主要研究新经济之由来，新经济浪潮之源，新经济之本质，新经济之结构，新经济之灵魂。

一、新经济之由来。新经济自传统经济发展而来，为自然演化的过程。传统经济在长期发展中产生"三过"瓶颈，即生产能力过剩、资源消耗过多、环境污染过重。为解决"三过"的实践需求，新经济应运而生。

二、新经济浪潮之源。当今科技革命呈加速度发展，对经济产生了前所未有的影响。新科技是新经济的源头，推动新经济浪潮的洪流，一波又一波地向前发展。

三、新经济之本质。新经济的本质是创造，创造驱动一切，这是新经济与传统经济的根本区别。新经济要从无限劳动力转向无限计算力，通过无限计算力获得无限创造力。

四、新经济之结构。新经济为创造性经济，主要结构由五大经济构成，即客户经济、数字经济、绿色经济、服务经济和创新经济。元宇宙是面向未来的新经济，具有强大的生命力。

五、新经济之灵魂。新经济始于新技术，成于新思维，新技术为"术"，新思维为"道"，"道"是灵魂。新思维的"道"是价值观的创新，为新经济之灵魂。

本书总体分为两大部分，第一部分是正文，第二部分是案例。正文主要介绍：传统经济、新经济之本、客户经济、数字经济、绿色经济、服务经济和创新经济等，共有7章30节100个知识点。案例围绕新经济，精选100多个案例，并加以点评，与正文互补，以利于更深理解新经济。

钱志新

目 录

序：数字新文明 / 1

前言 / 13

Part 01　新经济生态体系 / 001

  第一章　传统经济 / 003

  第二章　新经济之本 / 005

  第三章　客户经济 / 011

  第四章　数字经济 / 015

  第五章　绿色经济 / 027

  第六章　服务经济 / 031

  第七章　创新经济 / 035

Part 02　新经济案例精选 / 041

  案例 01　资源整合 / 043

  案例 02　核心资源 / 044

  案例 03　卖服务送产品 / 045

案例 04　软件价值 / 046

案例 05　服务无止境 / 047

案例 06　客户大管家 / 048

案例 07　平台即服务 / 049

案例 08　速度取胜 / 050

案例 09　婴儿哭声 / 051

案例 10　电影分拆 / 052

案例 11　小厂大平台 / 053

案例 12　科技源头 / 054

案例 13　知识结构 / 055

案例 14　设备共享 / 056

案例 15　数字化高红利 / 057

案例 16　差异化经营 / 058

案例 17　差旅外包 / 059

案例 18　特别理发 / 060

案例 19　"四吧"一体 / 061

案例 20　长尾效应 / 062

案例 21　内部创客 / 063

案例 22　跨界发展 / 064

案例23　精准维保 / 065

案例24　数据检测 / 066

案例25　搬家"痛点" / 067

案例26　众筹旅游 / 068

案例27　数字足球 / 069

案例28　敏捷供应链 / 070

案例29　时间就是金钱 / 071

案例30　创新速度 / 072

案例31　"微笑曲线"左方 / 073

案例32　吃休克鱼 / 074

案例33　值钱企业 / 075

案例34　精准贷款 / 076

案例35　共享医疗 / 077

案例36　整合就是生产力 / 078

案例37　经营业主 / 079

案例38　在线养羊 / 080

案例39　红领CZM / 081

案例40　数据大于逻辑 / 082

案例41　API连接器 / 083

案例 42　大自然的报复 / 084

案例 43　虚拟产业园 / 085

案例 44　体验为先 / 086

案例 45　虚拟服务商 / 087

案例 46　全球本土化 / 088

案例 47　差异化经营 / 089

案例 48　虚拟毕业典礼 / 090

案例 49　参与感 / 091

案例 50　企业服务业 / 092

案例 51　数字化员工 / 093

案例 52　数字员工 / 094

案例 53　关系数据 / 095

案例 54　两个"美的" / 096

案例 55　全方位服务 / 097

案例 56　智能推荐 / 098

案例 57　内创业 / 099

案例 58　概率优势 / 100

案例 59　迁移学习 / 101

案例 60　群体智能 / 102

目录

案例 61　产业生态化 / 103

案例 62　灯联网 / 104

案例 63　宽容失败 / 105

案例 64　爱库存 / 106

案例 65　按需制造 / 107

案例 66　减法制胜 / 108

案例 67　后向利润 / 109

案例 68　新生活方式 / 110

案例 69　闲置手机 / 111

案例 70　消费者社区 / 112

案例 71　特征数据 / 113

案例 72　办公机器人 / 114

案例 73　大家居共享 / 115

案例 74　共生汽车 / 116

案例 75　家庭工业园 / 117

案例 76　用户流量思维 / 118

案例 77　联盟之路 / 119

案例 78　代码公司 / 120

案例 79　图书屋 / 121

案例 80　虚拟大学 / 122

案例 81　虚拟大药房 / 123

案例 82　不变原则 / 124

案例 83　虚拟共享工厂 / 125

案例 84　生态优先级 / 126

案例 85　共享衣橱 / 127

案例 86　城市大脑 / 128

案例 87　服务供应链 / 129

案例 88　商业社群 / 130

案例 89　值钱企业 / 131

案例 90　智能研发 / 132

案例 91　"三众"资源 / 133

案例 92　合作共赢 / 134

案例 93　场景代替产品 / 135

案例 94　数字孪生 / 136

案例 95　淘工厂 / 137

案例 96　每人一亩 / 138

案例 97　电商直播村 / 139

案例 98　开发者平台 / 140

目录

案例 99　老设备智能化 / 141

案例 100　工业互联网赛道 / 142

案例 101　云上 618 / 143

案例 102　农业大脑 / 144

案例 103　移动门店 / 145

案例 104　中央工厂台 / 146

案例 105　独立站 / 147

案例 106　预防性维护 / 149

案例 107　数据即服务 / 150

案例 108　商品找人 / 151

案例 109　自我演化 / 152

案例 110　OTA / 153

案例 111　现金为王 / 154

案例 112　信任电商 / 155

案例 113　云上神器 / 156

案例 114　共享医院 / 157

案例 115　虚拟主播 / 158

案例 116　隐私计算 / 159

案例 117　虚社交型酒店 / 160

案例 118　产业知识图谱 / 161

案例 119　香味数字化 / 162

案例 120　绿色数字化 / 163

案例 121　自运营 / 164

案例 122　绿色出行 / 165

案例 123　变电所外包 / 166

案例 124　指数价值 / 167

案例 125　UGC / 168

案例 126　自主洗衣平台 / 169

案例 127　零碳先锋计划 / 170

案例 128　数字运河 / 171

案例 129　迭代速度 / 172

案例 130　区块链金融 / 173

案例 131　装配式建筑 / 174

案例 132　二手奢侈品 / 175

案例 133　天才少年 / 176

案例 134　国际人才特区 / 177

案例 135　未来汽车 / 178

案例 136　绿色发展先锋 / 179

案例 137　共同成长 / 180

案例 138　开发者平台 / 181

案例 139　世界一流大学 / 182

案例 140　数字西湖 / 183

案例 141　数字新机场 / 184

案例 142　产业社区 / 185

案例 143　耳朵经济 / 186

案例 144　二手货 / 187

案例 145　智能头盔 / 188

案例 146　金桥三座城 / 189

案例 147　园区物联网 / 190

案例 148　无所不在的商店 / 191

案例 149　数字办公室 / 192

案例 150　AI 大模型 / 193

案例 151　"崔筱盼"数字化员工 / 194

案例 152　未来工厂 / 195

案例 153　魔法衣橱 / 196

案例 154　"桩到家"平台 / 197

案例 155　生态竞争 / 198

Part 01
新经济生态体系

　　从传统经济到新经济是经济发展的自然演化，新经济浪潮是一场新的革命。

　　2008年全球金融危机带来经济危机，标志传统经济的发展已走到顶点，需要向新经济发展。20世纪九十年代的互联网新经济是早期的启动，成为新经济浪潮的第一波。从2008年至2016年，随着新科技革命的加速度发展，到2016年新经济开始全面推进，一场新经济浪潮在全球悄然兴起。

第一章 传统经济

一、传统经济范式

1.传统经济在长期发展中,积累了既有的发展优势,其基本范式主要体现在四个方面:一是规模经济,通过扩大生产规模,提高效率降低成本。二是企业为本,企业以自身为本。据专家统计,传统企业中,85%的工作为企业本身,15%的工作为客户服务。三是追求稳定,以确定性为发展目标,实施线性增长。四是独立发展,企业立足内部独立发展,强化拥有自有资源。

二、传统经济局限

2.传统经济发展局限集中表现为"三过":一是生产能力过剩,全世界整体生产能力的50%即可满足全球人口的基本需求,基本产能大大超过需求。二是资源消耗过多,大量消耗物质资源。阶段性来看，全球每年再生的自然资源只能满足生产需求资源增量的三分之二，也就是每年地球的自然资源逐年面临赤字。三是环境承载过重，特别是碳排放产生的温室气体，已经危及人类自身的生活和生产。

3.传统经济的发展难以为继。从最近15年发展曲线来分析，全球经济增长率在2007年为最高点，此后一直下降，再未达到2007年的增长水平，这一年成为全球经济增长的"天花板"。2008年全球金融危机带来的经济危机仅是导火线，其表象后面的底层原因是传统经济的"三过"，这已成为经济增长连续性的桎梏。

第二章　新经济之本

一、新科技革命

4. 新科技革命势不可挡，呈现加速度发展态势，对经济的影响力前所未有。2008年的全球经济危机，反过来加速了科技发展的步伐，经济与科技的位置发生了新的变化，从经济主导科技转向科技主导经济，新科技催生了新经济，这是一个历史性的转折。

5. 2016年成为科技发展的新拐点，其主要标志：一是人工智能成为新科技的主要代表，谷歌发明的机器人阿尔法狗战胜了世界围棋顶尖高手李世石；二是全球资本市场市值最高的十大企业都是科技公司，如苹果、微软、谷歌等，替代了长期以来传统产业的汽车、石化等公司；三是华尔街与硅谷易位，以往是华尔街支撑硅谷，现在是硅谷主导华尔街。2016年5月，在中国杭州召开的G20峰会上，全球主要政要形成共识："未来全球经济的主导方向为数字新经济"。

二、新经济之源

6. 新经济的源头是新科技。当今新科技呈现集群式发展，其基本特征是一主多元，一主是数字技术，多元包括绿色技术、环境技术、生物技术、新能源技术、新材料技术等。数字技术为横向技术，对其他技术起到基础性赋能作用。

7. 数字技术在新经济发展中起到核心作用。数字技术是不断发展的，主要包括六大技术，即大数据为数字化原料、云计算为数字化平台、物联网为数字化传输、区块链为数字化价值、人工智能为数字化大脑、量子科技为数字化升级，六大技术构成数字化技术体系。

8. 人工智能是数字技术的核心代表，已渗透到现实世界的一切领域。人工智能由数据、算法和计算组成，它包括三大类，分别为计算智能、感知智能和认知智能。人工智能从弱人工智能到强人工智能，进而向超人工智能发展。

9. 大数据是新的生产要素，成为战略性资源，数据对既有生产要素包括劳动力、土地、技术和资本起到赋能作用，产生乘数效应。数据是智能的来源，无数而不智。数据量爆发性增长，新的摩尔定律是每18个月，全球数据量翻一番。

10. 云计算是数字化大生产。云分为三大类：公有云、私有云和混合云。云计算平台有五大功能，分别是云存储、云计算、云应用、云管控和云安全。云计算在不断发展，新的云计算为边缘计算、隐私计算，进而量子计算。

11. 物联网是万物互联。物联网有两大关键：一是物联终端，通过传感设备产生大量数据，在物联网上传输；二是物联网络，5G以上网络大大加快物联网传输，"云网端"构成一个体系。

12. 区块链是数据的记录模式，有公链、私链和联盟链。区块链是信任链，通过共识机制，实施机器信任；区块链是价值链，通过智能合约对数据进行确权、流通和交易，实现数据价值和增值。区块链可实现分布式与大协作的融合。

13. 量子科技是前沿新科技，量子计算与电子计算相比，速度提高数万倍、高效，更加安全，从更高层次上大大提升人工智能的发展水平。量子的叠加效应和纠缠效应展现了颠覆性的技术升级。

三、新经济范式

14. 新经济为全新范式，与传统经济相比有五大特征：即以客户为中心，以数据为主导，以绿色为关键，以服务为重心，以创新为根本。这五条是新经济思维，其核心在于创造力，集中体现了新经济的价值观。

15. 新经济以客户为中心，传统经济以企业为中心。新经济要求从企业为中心转向以客户为中心。新经济通过互联网和大数据，与客户互联互通互动，离客户最靠近，与客户最密切，一切围绕客户运转。

16. 新经济以数据为主导，传统经济以业务为主导。新经济要求从业务为主导转向数据为主导。在复杂多变的不确定性下，唯有数据才能以变应变，化不确定性为确定性。数据智能使经济从线性增长走向指数增长。

17. 新经济以绿色为关键，传统经济以重碳为代价。新经济要求从重碳发展转向绿色发展。新经济应用绿色技术和数字技术，大大降低物质消耗，有效减少环境污染，走出绿色发展的新路子。

Part 01 新经济生态体系

18. 新经济以服务为重心，传统经济以生产为重心。新经济要求从生产为重心转向以服务为重心。新的价值创造中心环节已经从生产环节走向服务环节，服务创造主体价值。未来场景替代产品，生态覆盖企业，其中服务起到决定性作用。

19. 新经济以创新为根本。传统经济以模仿为基础，新经济要求从模仿转向创新。在新经济条件下，新模式、新业态、新组织层出不穷，科技创业成为最活跃的生产力，科技创造成为经济发展最强大的驱动力。

四、新经济结构

20. 新经济是以新科技为源头的知识型经济，其基本构成为五大经济：即客户经济、数字经济、绿色经济、服务经济、创新经济。五大经济是一个体系，成为新经济浪潮的重大战略方向。

第三章 客户经济

一、客户导向

21. 市场发展经历了四个时期：一是供不应求时期，应以产品为王；二是供求相应时期，应以渠道为王；三是供过于求时期，应以客户为王；四是供求错位时期，应以客户为主导，企业与客户相互融合，引导客户需求。

22. 营销方式大变革，传统营销是从企业到客户，即 B2C；新经济营销是从客户到企业，即 C2B。全新的营销方式是大规模定制即 C2M，先有客户定制订单，再由企业组织生产，然后供给客户需求。

二、客户社区

23. 企业以客户为中心，首要的问题是客户定位。企业要定位好客户群，定位中一要明确服务的行业，二要明确服务的群体。

客户群一定要精准定位，才能为客户提供相匹配的产品与服务。

24. 客户数据是宝贵资源。传统营销主要是实现交易和回笼资金，仅为完成一半任务；新经济营销要求在交易后获得客户数据，有了数据就能为客户画像，精准为客户需求服务，实现"人找货"到"货找人"。

25. 客户社区是客户经济的核心。企业要广泛链接客户，建立强大的客户社区，这是企业最重要的资产。客户社区的规模要不断扩大和更新，将弱链接转化为强链接，从公域流量中迁移到私域流量，从公域流量中"捕鱼"，到私域流量中"养鱼"。重点服务好 20% 的"黄金客户"即 VIP 客户，要使其成为企业的永久客户。

三、客户参与

26. 企业与客户要不断进行互动，通过交互作用激活客户。一方面，深入了解客户需求，更好地满足客户的需求。另一方面，获取客户在产品使用中的数据。"使用数据"十分宝贵，对提高产品设计及质量具有重要价值。

27. 客户参与企业经营意义重大。客户要全方位参与经营，包括产品设计、商品定价、原料监管、工艺改进、质量改善等诸多方面,客户的意见是最好的创新源。企业与客户是共生关系,客户可以像企业员工一样共创价值,成为价值创造的共同体。

四、经营客户

28.经营客户首先要经营好客户社区。在客户社区中,一要建立自媒体,着力宣传企业的产品与服务,特别是新产品要引进客户教育,开展各种活动,听取客户意见与建议,鼓励客户之间交流与互动;二要开展直播营销,直接面向客户社区组织营销活动。直播营销的关键是强化体验,体验已成为主导价值。

29.企业要从经营产品走向经营客户价值网,客户的需求是多元的,客户身上有张价值网。企业要以产品为载体,提供增值服务,提供场景中的整体解决方案,乃至跨界提供客户需求的各种产品和服务,挖掘客户的潜在价值需求。新经济是范围经济,要将"1个产品卖给100个人"变成"100个产品卖给1个人",从产品思维走向客户思维。

第四章 数字经济

一、数字经济内涵

30.数字经济的内涵主要包括两个方面：一是以数据为主导的经济体系；二是以数字技术赋能的新经济，两者融合构建数字经济。从传统经济走向数字经济是社会生产力的大跃升，要从无限劳动力转向无限计算力，通过无限计算力实现无限创造力。

31.数字化本质是万物皆数。传统经济以实体为主导，数字经济以数字为主导，数字经济改变了基础逻辑结构，从根本上变革经济的发展方式、产业的组织方式、企业的生产方式。变革的核心是以数据驱动业务，实施"两个一切"，即一切业务数据化，一切数据业务化。数据来自业务而高于业务，回到业务中去赋能业务。通过数据的自动流动，实现新的价值创造。

32.数字经济首先是数字决策。传统决策是经验决策，由于经验的信息量少，信息内容老，大多是主观的、局部的认知，很难适应复杂多变的系统。数字决策是基于大数据的分析，数据量大、数据内容即时，全部是客观的真实记录，就能适应复杂多变的系统，将不确定性转化为确定性，从而实现科学决策。

二、智能化

33. 数字化的高级阶段是智能化。工业时代是人类体力的大解放，智能时代是人类脑力的大解放，走向全面智能是历史发展的必然。人工智能是人类万年文明史上最伟大的变革，是全面智能化的根本。人类要实现生活的智能化、生产的智能化和生命的智能化。

34. 所谓智能不是聪明，不是智慧，其本质是对变化的适应性。无数而不智，没有数据就无所谓智能。智能通过对大量数据的洞察和处理而产生，一方面适应变化，以变应变；一方面预判变化，主动提前变化，从而化不确定为确定。

35. 智能的作用巨大。麦肯锡研究院对智能化与工业化作比较研究，其基本结论是：智能化的科技发展速度是工业化的数十倍，智能化的经济规模是工业化的 300 倍，智能化的社会影响力是工业化的 3000 倍。

三、数字大脑

36. "数字大脑"是数字化的灵魂，处于首要地位。从企业、产业到城市等首先要建立"数字大脑"。一是数据的互联互通，将各个方面的数据相互链接，构建海量数据库；二是系统的互联互通，将众多分布式系统全部打通，构建可视化大平台。通过海量数据库和可视大平台，打造"数字驾舱"，实现数字化的大集中、大协同、大共享。

37. 数字化全过程分别为感知、分析、决策、控制、执行五大模块。"数字大脑"是集中式的，在云平台上，主要负责分析、决策和控制；"数字终端"是分布式的，在各个场景中，主要负责感知和执行。"数字化"通过"云网端"一体化运作，其中数据起到决定性作用。

四、新基建

38. 数字经济的基石是新基建。新基建首先是数字化基础设施建设，主要有三大重点：一是算力，建立数据中心，进而向智算中心发展；二是网络，建设5G、6G新一代信息网络；三是平台，包括基础互联网平台、专业互联网平台和区域互联网平台等。在此同时要加强各项新科技的基础设施建设。

39. 新基建同时要对传统基础设施进行数字化改造，重点是交通、能源、水利、环保、城建等老基建工程，对其实施数字化转型和升级，通过智能解决方案，提高老基础设施的配置效率和运行效率。

五、数字产业化

40. 数字经济集中体现在"两化"，即数字产业化和产业数字化。数字产业化是发展数字产业，属于数字核心产业，约占数字经济的20%；产业数字化是数字技术应用于各行各业，属于数字融合产业，约占数字经济的80%。数字经济对整个经济的贡献率与日俱增，成为经济增长的最大引擎。

41. 数字产业化首先是数字硬件产业，主要有集成电路芯片、机器人、无人机、传感设备、可穿戴设备、虚拟现实设备、智能显示设备、智能机械设备、智能终端等。数字硬件产业发展快、规模大、品类多，每一个方面都是一个大产业。

42. 数字软件产业比硬件产业尤为重要，主要有各种应用软件、专业软件、系统软件、操作系统软件、嵌入式软件以及大量 APP 软件、小程序和二维码等。软件定义一切，编程已成为学习的标配，企业的应用代码将从百万级上升到千万级甚至亿级，应用软件的规模与水平决定企业未来的竞争力。

43. 数字产业中较大部分的是数字服务业，是成长最快的服务业。首先是数据服务业，包括数据的采集、清洗、标志、检索、脱敏等，更重要的是数据的分析、处理、建模和应用。同时云计算服务、物联网服务、算力服务、算法服务、区块链服务等一系列服务，将发展成为宏大的新兴服务业。

44. 新一轮全球化是数字全球化，发展数字贸易势在必行。通过数据的互联互通，一方面实施全球贸易流程的数字化，使进出口贸易效率大大提高；一方面实施全球供应链的数字化，使供应链更加顺畅。数字全球化正在向广度深度不断发展。

45. 货币数字化是必由之路。2008 年全球金融危机后，为对抗金融危机，2009 年，中本聪创造全球第一个加密数字货币，定名比特币，永久限量发布 2100 万枚。此后，全球又相继发布以太坊、稳定币等各种数字货币。中国人民银行在全球较早发布数字人民币，为人民币数字化探索新路子。

六、产业数字化

46. 数字化应用于各行各业。数字产业化从消费互联网到产业互联网，从"互联网+"发展到"数字+"，再到"智能+"。最先实现产业数字化的是电子商务。电商经历了三个发展阶段：电商1.0为网络营销；电商2.0为线上与线下一体化营销，即O2O；电商3.0为数字营销，包括社交电商、社区电商、直播电商、跨境电商等全新电商形态。新电商都是以数据为基础，进而发展到算法推荐。

47. 智能制造是产业数字化的重心，智能制造包括六大模块，主要是数字产品、数字设计开发、数字供应链、数字生产、数字营销、数字服务。每个模块都是应用场景、专业技术和数字技术的三者融合，提供智能化解决方案。增材制造3D打印也是智能制造的应用，成为新型制造的重大变革，对发展高端制造、加快研发设计、降低材料消耗、提高工作效率起到巨大作用。

48. 数字农业为新农业，围绕农业产业链，从插秧、施肥、种植、植保、灌溉、收割到养殖全方位实施智能化。同时从农产品加工到成品，进行全过程溯源管理，以确保农产品安全，实现农业精准化意义重大。

49. 数字金融为新金融，其重心是金融科技，主要包括金融大数据、移动数字支付、数字信用、智能投顾、区块链加密等新技术，已广泛应用于金融业中的银行、保险、证券、投资、融资、期货、租赁、资管、理财等诸多业务领域，创造了极其重要的价值。

50. 数字交通为新交通，实现汽车智能是人类的长期愿望。汽车的发展方向要自动化、智能化、网联化和共享化，这"四化"都离不开数字化。特别是汽车驾驶已向智能驾驶发展，未来逐步实现无人驾驶，智能网联汽车将全面云化。

51. 城乡也有数字化，本质要求是"以人为本"。围绕人民生活实施全面数字化，包括医疗、教育、文化、体育、家居、养老、安保等都要走向智能化。城市要重点建设数字社区，农村要重点建设数字乡村，政府要重点建设数字政府，全面提高数字化水平。

七、企业数字化

52. 企业数字化是数字经济的根基。首先，要制定数字化规划，按照需求分析分步到位。其次，要搞好"两个提前"：一是打造互联企业，将企业内外实现互联互通；二是打造在线企业，将企业业务上线运营，加快"上云用数赋智"的步伐。

53. 企业数字化能力已成为核心能力，通过数字化能力来赋能企业各项业务能力。数字化能力的关键是开发应用数据的能力，一方面要将企业全部数据大集中，建立海量数据库；一方面要将企业长期积累的经验大汇集，建立知识库；通过提高数据应用能力，来提升企业的决策和运营水平。

54. 企业数字化的本质要求是解决好业务与数据的关系，业务是载体，数据是主导，由数据驱动业务，实现一切业务数据化，一切数据业务化。企业数字化集中在两大应用：第一，业务场景数字化，将专业技术与数字技术在场景中相互融合，通过数据与算法，实现业务场景的智能化；第二，工作流程数字化，通过数据的自动流动，实现工作流程的自动化。

55. 企业数字化的关键在于数字化人才。首先，企业领导要提高"数商"，业务人员要学习数字技术成为复合型人才，企业员工要成为数字化员工。人与机器相互协作，人始终处于主导地位。企业要加强数字治理，建立专业管理机构，设立首席数字官（CDO）和数字总监。

56.新的红利是数字红利。根据联合国专家研究的模型,当企业的数字化水平超过 75% 以上,在不增加投入的情况下,企业创造的价值提高 3 到 5 倍。IBM 公司曾对全球数字化水平较高的 50 个企业进行长达 10 年的跟踪调研,企业的营业收入 10 年增长 12 倍,足见数字红利之巨大。

57.数字红利主要来自两大机制:第一,网络协同。互联网将各个方面协同运营,产生协同效应新价值;第二,数据智能。数据使业务精准化和预判化,产生智能效应新价值。一般来说,企业全面数字化将提高价值创造 3 至 5 倍。

八、元宇宙

58.人类是不断迁徙的,第一次是 10 万年以前的智人,从非洲东部第一次迁徙到欧亚大陆直至全世界;第二次是从大陆迁徙到海洋;第三次是从陆海迁徙到太空;第四次是从物理世界迁徙到数字世界,即元宇宙。每次迁徙都能实现人类的大进化。

59.元宇宙是数字经济的高级形态。元宇宙的精确定义应该是:"高维数字时空 × 低维现实世界"。其中有三个核心点:一是元宇宙与现实世界是维度的差距,从现实世界到元宇宙是升维，升维是数据量的升级；二是数字时空超越现实世界，为现实世界赋能和增值；三是数字时空与现实世界融合发展，而不是平行发展，更不是虚拟世界，贵在数字实现一体化。

60. 人们进入元宇宙要有数字化身，这是元宇宙中的身份证。数字化身可以是数字偶像，也可以是数字人，将个体的所有数据植入数字人，就是人的"永生"。人们进入元宇宙的交互工具，主要有手机、电脑、数字眼镜、脑机接口直至数字人，数字人在元宇宙中进行工作、学习、生活、交友等自由活动。

61. 元宇宙中的基本组织是数字社区，即DAO。DAO是围绕一个目标的自由人联合体，在数字社区中创造驱动一切，每个参与者都进行内容创造，实施"四共"机制，即自主共生、价值共创、成果共享、民主共治。个体在数字社区中自由进出，也可以参加多个数字社区。

62. 元宇宙应用于千行百业，游戏仅是元宇宙的首选应用。元宇宙主要应用于产业和企业，有工业元宇宙、农业元宇宙和服务业元宇宙等，在元宇宙中产生大量的数字产品和数字资产，应用数字资产凭证（NFT）和分布式金融（DeFi），通过数字市场进行流通、交易和变现，数字资产是大资产，将与日俱增超过实体资产。

63. 元宇宙中的财富有三个创造主体。一是数据创造价值，元宇宙中的数据属于用户，数据每 18 个月翻一番，价值越来越大；二是用户创造价值，元宇宙中每个用户都是内容的创造者，内容的价值越来越多；三是人工智能创造价值，人工智能自主发展，创造的价值是无止境的。现实世界的资源、资产、产业正在不断向元宇宙中集聚，这将成为不可逆转的大趋势。元宇宙通过数字世界赋能现实世界，最终的价值到实体经济中体现，元宇宙是亟待挖掘的"大富矿"。未来十年是元宇宙的"黄金十年"。

第五章 绿色经济

一、"双碳"目标

64. 2016年在巴黎召开的联合国会议上,提出全球减少二氧化碳排放的"双碳"目标,实现"碳达峰"和"碳中和"。中国政府主动提出到2030年实现"碳达峰",到2060年实现"碳中和"。实施"双碳"目标的关键举措:第一,调整三大结构,即能源结构、产业结构和技术结构。第二,发展四大产业,即涉碳产业、绿色产业、环境产业和再利用产业。

二、结构调整

65. 调整能源结构,一是加快降低化石能源比重,煤炭、石油等化石能源要从基本燃料逐步转变为工业原料;二是大力发展新能源,主要是太阳能、风能、水能、核能、氢能、地热能和生物能等,尤其是光伏能源发展前景广阔;三是积极发展储能，新能源与储能相结合实现可持续发展。

66. 调整产业结构，一是大幅度削减高耗能产业，采取税收价格等措施遏制高耗能产业。算力行业是耗能大户，通过"东数西算"向电力丰富的西部转移。二是积极发展低耗能、低耗材产业，主要是知识型产业和现代服务业。

67. 调整技术结构，应用先进科技能大幅度降低能源和资源消耗。数字技术对资源和能源的利用最为精准，要将数字化与低碳化相互结合。实现"两化"融合是科技发展的两大主题。

三、涉碳产业

68. 发展涉碳产业有三条路径：一是发展碳汇，主要是绿化种树、生态建设等产生大量碳汇，有利于碳中和；二是发展固碳，将二氧化碳进行固化，转化成原料和建筑材料等；三是发展碳金融，将减碳指标金融化，实行转让和交易。

四、绿色产业

69. 所有产业都要绿色化发展，以制造业为例，要从产品设计、原材料使用、仓储物流、生产加工、市场营销到客户服务全过程全生命周期实施绿色化，采用绿色技术，进行绿色管理，发展绿色产业。

70. 节约是实施绿色发展的重中之重，要全面节约能源、材料、用地、用水，建设节约型社会。节约已成为新的产业，专业提供节约资源的整体解决方案和配套服务。

五、环境产业

71. 环境保护和环境治理为规模化大产业。环境产业围绕固体、液体、气体的"三废"治理，提供环保科技、环保设备、环保材料和环保运营管理。城市科学治理垃圾，进而向"无废"城市发展，发展循环经济。

72. 生态治理和生态建设是新兴产业，好生态成为美好的旅游资源，在乡村振兴中产生重要价值。为补偿生态建设，排污权和生态产品在市场上交易产生新价值，进而成为新的金融产品。

六、再利用产业

73. 再利用是全新产业，所有资源都可以实施再利用。以制造业为例，再制造就是回收利用旧设备、旧机器、旧汽车、旧轮船、旧零部件进行重新制造，大大节约资源减少浪费。同时通过产品以旧换新，创造全新价值。

74. 发展二手市场大有可为。需要更新的二手手机、二手家电、二手服饰、二手家具、二手书籍、二手玩具等都可以继续使用，在二手市场转换价值。新旧产品大循环将成为新的时尚。

第六章　服务经济

一、大服务

75.新经济为大服务，工业化是非农化，工业化不等于工业，而是工业和服务业的总称。制造业与服务业是不可分割的，制造业中服务的比重越来越大，将成为主体，这是工业化发展的必然大趋势。

76.对服务要有新的认知。服务与业务是两个不同层面，业务为基础层，所有产业都有各自的业务，属于作业层面；服务为主导层，对所有业务进行赋能，属于指导层面；服务要从业务中分离，处于更高层次，未来"一切皆为服务"。

二、服务价值

77.经济服务化是大趋势。从价值链来分析，服务产业的价值越来越大，价值链的中心环节已经从生产环节转向服务环节，服务处于价值中心地位，创造主体价值，关键在于提高深度服务的能力。

78.企业的业务结构呈现正三角形，底层是产品，面积最大；中层是增值服务，面积居中；顶层是个性化服务，面积最小。而企业的价值结构呈现倒三角形，底层产品的价值最小，中层增值服务的价值居中，顶层个性化服务的价值最大。

三、产业服务

79.产业服务是服务经济的重心，服务贯穿于产业的全过程，产业的业务前、业务中、业务后都需要服务。农业、工业、服务业都在服务化，以制造业为例，科技研发、设计开发、物资供应、物流仓储、生产运维、商品营销、金融投资等都创造服务价值，服务支撑了生产制造，提升了制造业的发展水平。

80.平台经济是服务经济。产业平台为整个产业提供公共服务和专业服务，对企业进行全方位赋能。在产业平台中，企业在线下是分布式，平台在线上为集中式，两者构成生态体系，未来大企业都在云平台上。

四、企业服务

81. 企业服务是大型服务业，已成为投资界的热点。企业服务首先是生产性服务，现代生产服务从企业中分离出来，成为第三方专业公司，形成独立的企业服务产业。专业服务具有专业程度高、服务规模大、成本相对低、质量水平高等诸多优势，为全社会提供整体解决方案和全方位服务体系。

82. 企业服务同时包括生活性服务。企业及其员工有大量生活需求，如求医、求学、购物、娱乐、福利等。这些需求要从企业中剥离出来，走向社会化，由专业公司供给，减轻企业负担，专心致志搞好生产经营。

五、新兴服务

83. 新兴服务业蓬勃兴起，这是知识经济发展的必然要求。最有代表性的是高科技服务业、信息服务业、文化服务业等，属于知识密集型和技术密集型服务业，其发展速度之快、成长规模之大前所未有，已经成为服务经济的主导力量。

84. 新服务的形态层出不穷，最为突出的是经营方式的变革。传统经营方式是卖产品送服务，而新的经营方式是送产品卖服务，将产品作为载体送给用户，通过卖服务来获得回报。卖产品只能卖一次，而卖服务可以持续卖下去。只要产品在使用，服务是永续的，可以获取源源不断的现金流。卖服务的价值远远超过卖产品的价值。

第七章　创新经济

一、创新为纲

85.新经济以创新为纲，为创新劳动的代表，创新的意义超过以往任何历史时期。知识经济时代，大多是知识群体，区别于传统的劳务群体，要以创造力为主导，最大限度发挥创造潜能，以适应新经济的内在需求。

二、创新思维

86.领导新经济要有创新思维，集中体现在三大新思维，即量子思维、试错思维和赋能思维。首先是量子思维，量子是随机的、不断变化的。当今时代具有量子特征，主要表现是多变、快速和复杂。不确定性原理已渗透经济的各个领域。现代领导应具有量子思维，适应不确定性的新常态，主动拥抱变化，确立联系、动态和开放的新思维，增强概率优势和弹性管理的新意识。

87. 创新的本质是试错，必须确立试错思维。在不确定性面前，唯一的办法是试错，试错的成功率为50%，不试错的成功率为0%，在试错纠错中发展。试错就是敢于行动，跨出试探性的第一步，通过小步试错，对照目标，反馈迭代，不断优化，最终达成目标。试错要容忍失败，失败是成功的副产品，全社会要形成保护试错、容错、纠错的新机制。

88. 创新要求赋能，确立赋能思维。传统经济的管理以控制为主，过度管理制约了人们的积极性和创造性。新经济要重新定义管理，将管理变成服务，将控制变成赋能。赋能的内涵为三大赋能，即赋权利、赋资源、赋本领。赋能应实现人性化管理，回归人的本性，使人具有更大的自由度和灵活性，释放强大的创新活力。

三、科创经济

89. 创新经济的主导方向是发展科创经济，大力发展科创型企业，成为创新经济的主体。科创型企业以客户需求为导向，以研究开发为重心，以资本市场为纽带，具有极其强大的生命力。从开始时的值钱企业向赚钱企业发展，许多还成长为独角兽企业。科创经济以"三新"为主导，探索新技术、新模式、新业态，发展前景十分广阔。

90.创业是创新经济的灵魂,创客是创新经济的宠儿,大众创业万众创新已成为新的潮流。新创业的主导方向是科技创业,呈现三大特征:一是集群化,以高新科技为重点,在一个专业里呈现集群化创业;二是社会化,创业走向全社会,大量孵化机构和创业投资赋能创业,形成创业生态体系;三是国际化,许多专业人才具有国际化经验,整合全球资源,进入全球经济价值链。

四、创新模式

91.新经济是新模式经济,主要模式有平台模式、共享模式和生态模式。平台模式发展十分迅速,大体有两大类:第一类是企业平台,主要有供应链服务平台和集团管控平台;第二类是行业平台,主要有生产型平台、市场型平台和开发型平台,最有发展前景的是为开发者的赋能平台。平台要强化三大能力:一是资源整合能力;二是数字化能力;三是协同管理能力。平台发展的关键在于运营,运营起决定性作用。

92.共享模式是全新经济模式,共享是资源革命,把人们对资源的占有转变为资源的使用,在共享平台上形成"人人经济"的新模式。共享的发展领域极其广泛,基本分三大类:一是生活共享,二是生产共享,三是知识共享。共享要处理好平台、资源、公众和分配四个方面的关系，平台是强大后台，通过组织资源和运营管理实现各方面共享。

93.生态模式是大开放模式，创新经济要求企业跨越边界走向产业生态，新的竞争范式是生态系统的竞争。企业走向生态模式有两条路径：一是参与大生态，在大生态中成长为重要节点，通过与生态成员的互动，共享生态价值；二是自建小生态，将企业相关伙伴和合作者建立生态系统，共创生态价值。产业生态是自主成长，自我进化，具有良好的可持续发展能力。

五、创新组织

94.新经济创造新型组织，推动组织大变革。主要新型组织有社群组织、自驱动组织、"双合"组织。首先是社群组织，这是新型社会化组织，由具有相同价值观或共同目标的人组成，成为自由人的联合体。社群组织有三大功能：第一社群是智库，社群中的群主和成员富有智慧和技能，成为新型大智库；第二社群是市场，社群中的成员有各种需求和价值，成为新型大市场；第三社群是财富，社群成员的大量财富有待挖掘，成为新型大金矿。

95.创新需要自驱动组织，其经营机制在于自组织。自驱动的基本模式是"大平台＋小团组"，企业上层为大平台，主要四大职能为：战略、赋能、协同和监管。企业基层为小团组，组织是最小经营单元。小团组由自主组成，成为责、权、利紧密结合的利润主体，直接面向用户。小团组充满活力和创造力，在企业内部创业，发展成为自主经营体。

96. 所谓"双合"组织就是对内合伙和对外合作。对内合伙是重要经营机制，合伙制改变了生产关系。从产权关系看，产权从独占制走向共有制；从分配关系看，利益从薪酬制走向分享制；从人与人关系看，人才从雇用制走向合作制。合伙制实现价值共创，风险共担，利益共享，构建企业命运共同体。新时代为合作时代，对外合作是大势，凡是交易成本低于内部成本，都可以通过外部合作来解决，合作大于竞争是新的发展之道。

六、创新人才

97. 新经济以人才为本，将人才的创新力列在首位。创新人才首先是创新型企业家。企业家的本质是创新，企业家的创新力是企业家精神的真谛。企业家创新力主要来自两大能力：一是认知力，认知力的高低决定企业家的决策能力；二是学习力，学习力的大小决定企业家的综合素质。通过提高认知力和学习力，造就具有强烈创新意识的企业家团队。

98. 在创新中创新型专业人才至关重要。创新型专业人才包括复合型创新人才和新工匠。一是现有专业人才既要学习专业技术，又要学习现代新技术，特别是数字技术，努力成为复合型创新人才；二是现有员工要传承工匠精神，在既有技术上精益求精，同时要学习新知识新技能，努力成为新工匠，新工匠是数字工匠。

99. 新经济是全球化经济，必然需要全球化人才。全球化人才应具备三大能力：一是全球化视野，要全球化思维审视发展战略和未来大势。二是全球资源，要善于整合全球资源和人才。三是全球运营，要建立数字化平台精心运营全球市场，走向新的全球化发展之路。

结束语：新经济革命

100. 新经济是新的革命，从传统经济走向新经济是发展大势，这是人类经济的大跃升，其带来的变革是革命性的。新经济革命始于新技术，成于新思维。新技术是"术"，新思维是"道"，新思维的灵魂是创新价值观，在价值观上彻底"换道"，新价值观的核心是"创造驱动一切"。通过新思维升维，走向人类光辉灿烂的新经济大道。

Part 02

新经济案例精选

案例 01

资源整合

现在有大量低效网站处于休克状态。有企业将低效网站整合一体，产生全新的价值。由于每个低效网站每天仍有数百流量，通过整合 1000 家网站，每天的流量就达到上百万，是十分可观的规模，现将上百万流量打包，与广告公司合作，就将 1000 家网站一体化搞活，而且网站之间产生交互效益，实现了一举多得。

点评

单个资源几乎无用，将众多低效资源整合起来，就会产生十分可观的新价值，充分体现资源整合的整体效应。

案例 02

核心资源

第二次世界大战结束后,美国与苏联作为战胜国,把德国的资源作为战利品进行分割。当时苏联要求得到德国的设备,而美国要求得到德国的人才,由于对资源的选择不同,两国后来的发展结果也完全不同。苏联得到的设备,由于有形无形的磨损,被逐步淘汰出局,美国获得的人才,却不断发挥作用,设计出许多新设备,有的还出口到苏联,对经济发展的贡献远远超过苏联。

点评

这是一段十分有趣的历史故事,苏联占有的是基础资源,美国占有的是核心资源,充分说明了核心资源的强大竞争力。

案例 03

卖服务送产品

某洗衣机公司老总考察某大学后发现一个商机：该大学有两万多大学生需要洗衣服，于是送 1000 台洗衣机给大学，但要求为大学生洗衣服。洗一次衣服收 0.8 元，成本为 0.5 元。洗衣服如印钞，现金流源源不断。卖一台洗衣机仅赚 10 元左右，而洗一次衣服可赚 0.3 元，效益可想而知。卖服务送产品是商业模式的创新。

点评

洗衣机是产品，洗衣服是服务，洗衣服产生的价值远远高于产品产生的价值，卖服务比卖产品更高明。

案例 04

软件价值

中国机床公司老总到德国机床公司考察，发现一个奇怪的现象。中国机床公司生产的磨床为德国机床公司使用，其价值几何级数倍增。中国机床公司每年生产4000台普通磨床，德国机床公司每年定制50台磨床，但实现价值超过中国公司。究其原因，德国公司在中国公司的磨床中更换了控制器，其核心是软件价值的倍增作用。

点评

硬件提供基础价值，生产普通产品；软件提供核心价值，生产定制产品。软件是高价值的"大脑"。

案例 05

服务无止境

王永庆，年轻时经营一家小米店，开始时就靠服务取胜，将米送到客户家门口，然后又送到客户楼上房门口，进而帮客户将米倒入米缸中。为更好服务客户，他还将米缸中的存米取出来，先倒入新米，再将存米放在上面，先吃存米。最后，干脆用新米来换存米。由于不断地为客户创造价值，客户纷纷购买王永庆的米，成为永久的客户。

💡 点评

为客户服务是无止境的，决胜在细节。服务的深度决定客户的忠诚度，实现客户价值最大化。

案例 06

客户大管家

有家汽车 4S 店生意特别好，主要秘诀不是卖车，而是经营客户，成为客户的"汽车大管家"。从客户学汽车开始，帮助客户试用车、选择车、购买车、使用车、维修车、保险车、贷款车、更换车、求助车到在线服务等。以客户汽车为己任，为客户提供全方位的汽车服务，深受广大客户的欢迎。这样的 4S 店生意兴隆是必然的结果。

点评

从经营产品到经营客户是一大突破，从产品的全生命周期为客户服务，成为客户的大管家是新经营之道。

案例 07

平台即服务

某市理发公司有五层大楼，共计 100 多间房间。理发公司在全市招聘美发师 100 位，供每位一间房间理发。公司搭建理发平台，一方面，为美发师提供理发工具和洗发美容液。另一方面，在网络上宣传每位美发师，介绍各位的特色，可以指定可以随机，生意十分红火。这家理发平台主要做理发服务，而美发师做理发业务。公司将业务与服务分开，这是理发引出的新创举。

点评

"平台＋个体"是全新的企业组织。平台做服务，个体做业务，分别发挥各自的优势，这就是新业态。

案例 08

速度取胜

富士康公司是全球著名制造企业，为全世界品牌产品做 OEM 生产，由于大规模生产有效地降低了成本。低成本是富士康的基本优势，并不是核心优势。富士康的核心优势在于速度，用最快的速度交货。以设计新品为例，富士康设计新品的模具图纸，在全世界建立设计中心流转，做到两千小时连续设计，生产更是快速发展。富士康以速度取胜，实现"快鱼吃慢鱼"。

点评

速度取胜就是获取时间价值。制造业的竞争从质量竞争到成本竞争，现在已经是交货期竞争，速度成为新的竞争优势。

案例 09

婴儿哭声

现在新生代结婚后没有带孩子经验，面对婴儿哭闹，不知道如何是好。某市妇幼保健医院，照看新生婴儿经验丰富，对婴儿的哭声进行研究，听懂何种哭声表示要吃奶，何种哭声表示要大小便，何种哭声表示不舒服，何种哭声表示要起身等，于是将大量婴儿的哭声进行录音并制作成软件。如此，年轻人在带孩子时，只要将自己婴儿的哭声与软件相对照，就能知道婴儿的需求，解决了这一难题。

点评

婴儿哭声制作成软件，实际上是数据库的应用，只要数据量足够大，其价值也足够大，此举应推而广之。

案例 10

电影分拆

大量老旧电影存放在仓库中，无人问津。某公司发现其中的价值，用十分低廉的成本购买其胶片，然后回来进行拆分。老旧电影中有许多珍贵的片段，如战争场面、洪水场面、大火场面、民俗风情场面等，将其剪切后分类建立数据库。许多新电影仿景要用到特殊的场景，就需要这类老旧电影的数据库。如此，既解决不便拍摄的困难，又大幅节约了成本，实现了双赢。

点评

数据是无处不在、无时不有的。慧眼识数据，可以将貌似无用的数据，转变成极其宝贵的财富。

案例 11

小厂大平台

阳光印网原是一家小型印刷厂,由于经营有方,深得行业赞赏。5年前,阳光印网为众多小印刷厂搭建了一个印刷行业的网络平台,拥有小型印刷厂上万家,印刷客户数千家,平台为供需双方提供对接服务。现在平台已成为印刷行业的全能服务中心,重点组织印刷全链条供应,如印刷机器、零配件、纸张、油墨、物流等,遂于银行合作供应链金融,进行全方位赋能服务,收到行业一致好评,自身也价值倍增。

点评

垂直行业的互联网平台大有可为,这就是产业互联网。每个行业都要建立产业互联网,为广大中小企业数字化转型服务。此举不仅功德无量,更是前途无量。

案例 12

科技源头

20世纪90年代韩国组织十大产业基地,主要产业有汽车、家电、纺织、机械、石化、钢铁、医药、电子、造船、建材等,产业集中度高,迅速形成品牌效应。到2000年前后,十大产业基地呈现逐步萎缩趋势。为此韩国经济部组织专家组进行考察研究,经分析,其原因主要是缺乏科技源头。韩国政府采取措施,将重点大学相应专业迁移到十大产业基地去,经过三年努力,终于恢复了生机,取得显著成效。

点评

任何产业的源头都在于科技。一旦科技能力不足,产业就成为无源之水、无根之木。科技是第一生产力。

案例 13

知识结构

日本有两个中学生足球队，一个是普通高中足球队，一个是高中专业足球队。普高足球队以文化教学为主，足球教学为辅；专高足球队以足球教学为主，文化教学为辅。由于学习和训练的重点不同，两个高中形成了不同的基础文化。在全日本中学生足球大赛中，普高中学生足球队取胜于专高中学生足球队，究其原因，在于学生知识结构的差异。

点评

知识结构十分重要，仅有专业知识局限性大，缺乏发展后劲。基础文化知识对学生的全面发展起决定性作用。

案例 14

设备共享

某设备制造公司发现一个商机,许多国外进口设备利用率不高,造成严重浪费,一周仅用1—2天,但价格非常贵。为此,公司搭建了一个平台,将国外进口设备数据汇聚在平台上,为未进口设备的中小企业共享使用。现在已汇聚两万多台设备,供成千上万家企业匹配使用,这样一举三得:一是使设备进口企业提高设备利用率;二是使众多中小企业不需要购置高价进口设备;三是平台通过服务获得收益。

点评

现在设备使用率普遍不高,特别是高端进口设备使用率很低,实现设备共享大有可为,为全社会创造巨大价值。

案例 15

数字化高红利

IBM对全球50个数字化转型的典范企业进行跟踪分析，其基本结论有两点：一是数字化红利十分明显，从2007年到2017年10年间，50个企业的盈利水平总体增加12倍，平均每年增长一倍以上；二是指数级发展，50个企业数字化转型后，前三年比较平稳发展，三年后突破拐点，进入指数级发展，7年增长11倍，越到后面，越呈现大爆发性增长。

> 💡 **点评**
>
> 数字化赋能实体企业发展，已成为企业效益的倍增器，数字化实现高红利，企业数字化大有可为。

案例 16

差异化经营

美国西南航空公司是四大航空公司之一,其经营特色是差异化竞争,始终坚持短途航线业务,开辟出"长尾蓝海",在经营策略中创造三大独特优势:一是实行低票价,争取尽可能多的普通客户;二是确保航班准点,确保飞行安全;三是推出妙趣横生的表演节目,使旅行充满乐趣。这些特色举措受到广大旅客的普遍欢迎,成为美国航空业的一枝独秀。

点评

差异化最具优势竞争力,围绕客户需求的重点和"痛点"创造特色是经营王道,不争数一数二,但求独一无二。

案例 17

差旅外包

杭州畅翔公司采用 B2B 模式开展差旅外包服务,以各大企事业单位为主要目标客户,为其提供全方位、专业化的商旅管理。其核心竞争力是以网络为云平台,整合各地优秀的酒店、航空、铁路、旅游及银行、税务等合作机构,提供一整套现代化服务系统。根据客户反馈,这套差旅整体解决方案使企业客户的差旅支出下降 20% 以上,差旅管理成本节约费用 50% 以上,取得了十分可观的经济效益。

点评

企业管理的众多场景都可以实施集中外包管理。依托网络云平台服务,大幅度降低成本,提高效率。

案例 18

特别理发

"小儿廊"理发店为解决小孩理发的"痛点",开办专业小孩理发店,使宝贝在理发时不哭不闹,安静理发。其主要特点:一是改变理发环境,设立儿童乐园;二是使用专业理发工具,采取保护措施;三是提供增值服务,制作婴幼儿纪念品、为孩子取名、为小孩摄影等。"小儿廊"的特色服务,既解决了小孩理发的难题,又增加了多种服务,受到广大家长的欢迎和好评。

点评

每个细分市场都有空白点,关键在于特色服务,通过服务创造附加价值。

案例 19

"四吧"一体

苏州有个"茗香阁"茶馆，改变传统单纯的喝茶场所，聚焦于年轻白领消费群，实施"四吧"一体经营：一是"茶吧"，除了喝茶以外，提供"无公害"名茶；二是"商吧"，创造商业机会，为不同需求的人牵线搭桥；三是"婚吧"，营造幽雅、温馨气氛专区，为男女朋友提供婚介服务；四是"书吧"，开辟宁静场景，提供畅销图书阅读与购买。"四吧"一体受到消费者的热烈欢迎。

点评

从经营产品和服务到经营客户是重大提升。客户身上有着价值丰富的网络，挖掘客户的潜在需求价值无穷。

案例 20

长尾效应

日本任天堂株式会社以游戏发家,最初定位于"铁杆游戏迷"。游戏迷的消费固然大,但人群小又不忠实,要求不断追求刺激挑战性的游戏,开发成本就高。为此,任天堂进行"玩家"革命,定位于"普通玩家"。普通玩家虽然单个消费量低,但市场基数大,而且其需求的游戏是普通型的,开发成本就低。通过改变设计思想和经营模式,任天堂获得了丰厚的回报。

点评

"头部精英"与"长尾普通"是两类不同的消费群体,需要不同的经营模式。从市场而言,长尾效应是有更大的发展方向的。

案例 21

内部创客

海尔集团从生产产品转向生产创客，进行大胆尝试。全公司组成 2000 多个创客队伍，平均每个团队有 7—10 名员工，创客团队直接面向市场，为顾客创造价值、分享价值。公司改革以来，已有 300 多个团队销售额达到亿元以上，同时有 100 多个团队获得创业投资。这种员工组织，具有强大的自驱动力，给企业带来前所未有的活力。

点评

传统企业如绿皮火车，动力全靠车头带动，但速度仅为 70 千米/小时。企业内部创客团队如高速动车，动力在各节车厢，速度达到 300 千米/小时。

案例 22

跨界发展

昆山好孩子公司是著名的童车制造商，在海内外享有盛誉，到好孩子公司产品陈列室参观后，发现好孩子的产品不局限于童车商品，已经实现多方位跨界，成为儿童商品的全系列供应商。商品供应包括儿童服饰、儿童食品、儿童教学、儿童玩具以及各类儿童用品等，简直是个儿童商品大世界。这些商品中有好孩子公司自营的，更多的是世界各地的名牌商品。跨界发展使好孩子公司获得丰硕的效益。

点评

跨界发展是建立在主业名牌的基础上，围绕客户开展全方位经营，同时与其他品牌共享客户价值。

案例 23

精准维保

电梯经常发生故障，成为社会安全的"痛点"。无锡新天益公司建立电梯远程维保云平台，已在全国连接 150 万台电梯。通过打通电梯在各环节的数据，应用算法进行远程监控。由于数据分析控制电梯故障，大大减少了盲目维保，以往一台电梯每年需要维护 18 次，现在仅需要 6 次，减少维护三分之二。精准维保大大节约电梯维保费用约 60%，提高了维保的效率，一举多得。

点评

精准是大数据的最大红利，通过数据分析实现精准化，可大大减少浪费，节约成本，提高经济效益。

案例 24

数据检测

常州某产品检测公司专门做光伏晶片的质量测试服务,在长期检测过程中积累了海量数据。公司在对某家企业的光伏晶片测试中发现产品合格率仅为93%,通过数据分析找到了合格率低的12条原因,为了验证这些原因到该企业进行实地考察,结果与数据分析基本一致。公司对该企业提出提高合格率的整体方案,可以使其产品合格率提高5个百分点,按每个百分点增益200万元计算,共增加经济收益1000万元,其价值十分可观。

点评

数据分析大有可为,不仅能发现问题,还能找到产生问题的原因,进而提出解决问题的方案,数据威力无穷。

案例 25

搬家"痛点"

日本搬家公司在帮助客户搬家过程中,发现客户的主要"痛点"是整理物品,为此搬家公司针对"痛点"提供增值服务。如厨房间的锅碗瓢盆很难整理,公司就拍下视频,到新居时按原样摆放好;男主人书房中的书、女主人衣橱里的衣服都拍下视频,到新居时均按原样摆放好。对此客户十分欢迎,虽然增加些费用,但减少不少麻烦,何乐而不为。

点评

客户的"痛点"就是企业服务的重点,也是企业的盈利点。客户的"痛点"需要互动来挖掘潜在需求。

案例 26

众筹旅游

上海一位旅游爱好者，经常在微博平台上发布旅游博文，得到许多粉丝的好评。有一次他发博文表示要到南极去旅游，费用面向粉丝们众筹。众筹内容是：每位粉丝众筹100元，请将你的愿望用一句话带到南极去。一周后，有1000多位粉丝参与众筹，共得十多万元，旅游费用全部解决。然后他制作长卷油布大屏，在大屏上将每个粉丝的愿望写上，插在南极的冰山上，拍摄视频发给每个人。

点评

众筹不一定是投资，凡是有意义的内容都可以众筹，然后用产品或服务来回报。从这个意义上讲，人生都能众筹。

案例 27

数字足球

有位著名足球教练将足球训练基地数字化。第一，挑选运动员，他要求每位学员脚上穿带有传感器的鞋，通过传感器记录体力、耐力等数据，从中挑选优秀的运动员。第二，发现其特长点，用摄像机全程记录每位运动员的行为数据，从中发现每个人的特点，安排适合的岗位。第三，精准培育运动员，通过分析运动员的成长数据，针对性地进行训练。足球数字化培育了大量优秀球员。

点评

学习和训练需要大量数据，通过数据分析将学习和训练实现精确化，从而大大提升学习和训练的水平。

案例 28

敏捷供应链

美国戴尔公司以电脑直销模式闻名于世，直销的制胜法宝是打造无坚不摧的敏捷供应链。敏捷供应链存在四大环节：一是零部件供应的敏捷，存货周转率仅为 4 天；二是生产装配的敏捷，平均一台电脑装配时间为 2—6 小时；三是销售物流的敏捷，只要打通"800"电话订购，在 2—5 个工作日送达客户；四是供应链信息的敏捷，每张订单的信息高速度在网络上自动流转，这是四大环节实现敏捷的"龙头"，体现"虚拟整合"的威力。

💡 **点评**

实施大规模定制的灵魂是速度，打造敏捷供应链是核心竞争力，信息在其中起到关键作用。

案例 29

时间就是金钱

20世纪80年代初,深圳蛇口开发区向港商购买重要机器设备,价值3000万港币。届时定在星期五下午三时签订协议,协议一签订就付款。当3000万港币的支票一拿到,港商的司机就等候在大门口,将支票立即送到银行存入账号。有人问港商为何如此迅速,港商说银行星期五下午五点下班,如赶不上只能到星期一,这样就差三天要损失利息上万港币。

点评

这个案例使深圳人明确了:"时间就是金钱,效率就是生命。"这也在事后就成为深圳人的口号。

案例 30

创新速度

韩国三星公司有个广为人知的"生鱼片理论",即当你第一天抓到高档鱼,在一流的日本餐馆里能卖个好价钱。如果等到第二天再卖,就只能以一半的价钱卖给二流餐馆,到第三天再卖,就只能卖到四分之一的价格。长此以往,就变成了"干鱼片"。这个故事说明:"速度经营"是关键,创新也一样,关键在于创新速度。三星在创新速度上提出"四先原则":即发现先机,事先获得技术标准,产品抢先投放市场,在全球市场占据领先地位。

点评

创新固然重要,创新的速度更为重要,许多创新成果只有第一没有第二,总是"快鱼吃慢鱼"。

案例 31

"微笑曲线"左方

台湾鸿海公司是从事消费电子产品 OEM 的全球最大生产商。鸿海的经验主要是重现"微笑曲线"左方：一方面不惜耗费巨资进行技术与专利的自主研发；一方面通过向上游零部件企业并购与入股，来换取研发技术。由于鸿海在"微笑曲线"左方花大力气，所以创造了速度奇迹，大部分台湾的 OEM 企业只能做到"853"产销，即 85% 的产品 3 天内出货；而鸿海却能做到"982"产销，即 98% 的产品 2 天内出货，赢得了市场的先机。

点评

"微笑曲线"的右方是市场，"微笑曲线"的左方是科技，要赢得市场就必须重视科技。

案例 32

吃休克鱼

海尔集团在并购投资中走出一条独特的路子。第一，在选择并购标的时，不吃"活鱼"，因为"活鱼"难吃；不吃"死鱼"，因为"死鱼"会吃坏；专吃"休克鱼"，因为"休克鱼"暂时为"病鱼"，整顿好就变活鱼，这就如企业暂时遇到困难，帮助解决困难就是好企业。第二，在投资方案预算时，算好购买投资、整合投资和发展投资三本账，通过无形资产减少购买投资，努力降低整合投资，重点加大发展投资，从而使并购企业较快进入良性发展。

点评

企业并购是实现扩张的有效途径，选择投资标的和规划投资方是关键，海尔的做法值得借鉴。

案例 33

值钱企业

赚钱企业与值钱企业是两种类型的企业，值钱企业的价值远远高于赚钱企业。美国亚马逊公司是典型的值钱企业，该公司长期亏损，但其市值大大超过许多500强企业，当然最终成为赚大钱的企业。亚马逊公司之前的主要标志在"三个大量"：一是大量客户群体，公司始终把客户放在第一位；二是大量现金流，公司以现金为王；三是大量数据源，数据是最大的战略资源，这三条使得亚马逊成为值钱企业。

点评

赚钱企业着眼于短期利益，值钱企业着眼于长期利益。客户群、现金流、数据源都是值钱企业的价值所在。

案例 34

精准贷款

腾讯创办的"微众银行"专门为小微企业贷款。在企业要求贷款时,"微众银行"一不看企业"三张报表",二不要企业资产抵押,三不要资金担保,主要依据企业的数据。通过在互联网上大量搜索企业的信息,特别是对企业法人代表的数据进行。判断是否放款。如此人经常在网上发"大红色",出差住四星级或五星级宾馆等,这些数据充分反映人的行为,通过用户画像就能决定其信用,这就是精准贷款。

点评

传统银行靠抵押、担保放贷是不可靠的,唯有数据真实反映企业的信用,通过大数据画像才能精准贷款。

案例 35

共享医疗

某投资公司投资国内二十多家医院，建立了医院集团，开始时各家医院独立发展，效果良莠不齐。为了实现整体发展，集团建立一个资源共享的云平台，取得了意想不到的好效果。通过云平台各家医院实现四大共享：一是名医共享；二是重要医疗设备共享；三是药品和用品的供应链共享；四是公共管理共享。共享产生了明显的效益，许多不是该公司投资的医院也要求参与，这进一步发挥了规模效应。

点评

资源共享的规模效应和协同效应十分可观。开放共享资源，实施整体发展大有可为。

案例 36

整合就是生产力

某市隶属纺织工业局的几十家公司，在激烈的市场竞争中大多数公司亏损甚至面临破产。市政府要求市级投资平台将亏损企业一并划转管理。面对几十家困难企业继续单独经营是无法解决的，唯一的办法就是将其资产重组进行整合，一方面将优质资产和人员组建新企业，重建品牌与信誉；一方面将土地房产等有效资产变现，安置好职工。经过两年努力，资产整合产生明显效果，在弥补亏损和安置职工后，总体获利十亿多元。

点评

单个资产是亏损的，整体资产是获利的，关键在于资产整合，从这个意义上讲整合就是生产力。

案例 37

经营业主

万科集团从经营房地产转向经营业主。万科建造的居民社区一般有上千户业主,这是巨大的商机。为此,万科将物业公司进行改造,改变单纯从事环保绿化的主要职能,转向重点经营社区业主的需求。每个物业公司员工负责 50 户业主,经常主动上门了解业主需求,从住房装修、添置大件设备到老人小孩服务,样样都满足业主需求,深得业主欢迎。万科经营业主的收益已经大大高于其经营房产的收益。

点评

从经营产品到经营客户是传统模式的重大突破,客户身上有价值网,挖掘客户价值大有可为。

案例 38

在线养羊

在内蒙古养羊是主要产业，特别是小山羊十分可爱，但单纯养羊卖羊价值有限。为此，有家牧羊公司将小山羊作为宠物开展远程在线养羊，吸引上海等发达地区的小孩来领养。该公司将小山羊打扮得很漂亮，还建造了美丽的羊舍，看上去像童话一般。凡是领养小山羊的孩子都获得一个号码，将号码牌系在小山羊的脖子上，通过视频每时每刻都能看到小山羊的活动，同时邀请孩子每年到内蒙古来旅游，实地观看自己领养的小山羊。这项业务十分红火，公司以此获得可观的回报。

点评

在线养羊是全新事业，农业也要数字化，在线发展将成为新农村的致富之道。

案例 39

红领 CZM

青岛红领服装是定制服饰的著名企业，已成为圈内 CZM 的典范。红领 CZM 实行全面数字化：一是订单数字化，根据客户的需求，在企业海量数据库中选定，制定数字订单；二是打样数字化，根据数字订单，按样板模块打样裁剪；三是生产数字化，将所有数据制作成二维码，在流水线上生产；四是发货数字化，通过数据驱动物流，将产品送达客户。CZM 是总对总的模式，既加快了速度，又节约了成本，实现客户价值的最大化。

点评

红领服装的现场生产与传统服装企业并无两样，其核心在于后台的"数字大脑"，从这个意义上讲，红领服装是个数字化公司。

案例 40

数据大于逻辑

女生的游泳衣哪个省最好卖？根据大多数人的逻辑判断，都认为女生游泳衣最好卖的省份应该是广东省和海南省，一来这两个省在南方，南方人游泳多；二来这两个省开放度高，女生舍得买。事实却并非如此，根据淘宝、天猫、京东等大型电商网站的大数据分析，女生游泳衣卖得最好的省份是新疆和内蒙古，这样的结论是难以置信的，而事实确实如此。

💡 点评

凭简单的逻辑是很难进行准确判断的，只有数据分析才是最真实的，数据大于逻辑。

案例 41

API 连接器

某高校老师家中进了一只黄鼠狼,将家中所有东西搞得乱七八糟,大家十分恼火,但无法将其赶走。有人提议到"58同城"找找解决办法。这位老师通过搜索,果然在"58同城"网站上找到办法并解决了问题。"58同城"的神奇就在于应用API连接器,收集各种各样问题的解决方法,并将其连接到平台上,先后已有上万种APP供使用,解决各种疑难问题,深得老百姓的好评。

点评

API是数据连接器,通过连接实现资源与能力的共享,连接大于拥有,已成为解决问题的有效途径。

新经济浪潮

案例 42

大自然的报复

美国新奥尔良市为发展经济，进行大规模的国土开发，国土开发建设面积超过 50%，国际上国土开发的标准为 18%，已经属于过度开发。由于将一半以上的土壤都变了水泥，整个城市就像一个大脸盆。每当雨季下大雨，整个城市都淹在水中，特别是水泥地使雨水无法流动，每年有三个月以上浸泡在水中。至此市政府将水泥地重新恢复为土壤，解决了全市淹水的困境。

点评

发展经济要遵循自然规律，违背了规律就要受到大自然的报复，这样的教训应该汲取。

案例 43

虚拟产业园

浙江乌镇创建了虚拟产业园,在这个云平台上,公司实行"网络注册,无界办公"。只要公司注册到乌镇,无论在哪里办公,都可以享受乌镇的优惠政策。虚拟产业园集成产、供、销、人、财、物等资源,为进园企业提供众多服务,并实行价格优惠。虚拟产业园将产业链和价值链内在联系的企业及机构在虚拟空间集中,使整个产业园内产业更集聚,发展更良好。

点评

虚拟产业园地域分散,产业集聚,通过产业生态效应创造全新价值。虚拟产业园是一大创举,发展前途无量。

案例 44

体验为先

苏州某机器人公司，专业生产扫地机器人。公司为强化客户对产品的体验，专门建立大型机器人博物馆，重点展示扫地机器人外，还展示大量生活用机器人。客户能与机器人互动，在客户中加强产品体验，同时普及机器人知识。现在机器人博物馆已成为远近闻名的"旅游景区"，吸引数以千计的客户特别是学生前来参观。根据公司大数据分析，客户通过参观考察机器人博物馆，实现了 6:1 的购买转化率，也就是每六位客户中就会有一位购买机器人。

点评

体验已成为购买商品的第一窗口，企业应强化用户体验的场所，并在线直播，这对商品营销起到关键性作用。

案例 45

虚拟服务商

上海有一位汽车爱好者，自幼对汽车就有特别的研究。第一份工作是报社"汽车专栏"的编辑，通过专栏积累了大量的专业知识和朋友圈。几年后他辞职创业，专门为汽车使用者提供各种服务。由于缺乏资金，通过微信公众号建立虚拟汽车服务平台，利用朋友圈组织大量汽车服务资源和汽车使用客户。爱好是最大动力，通过诚信服务，现已形成数百万客户，成为小有名气的汽车虚拟服务商。

点评

虚拟服务商大有可为，关键是组织社会服务资源，对用户诚信用心服务，虚拟服务价值无限。

案例 46

全球本土化

北京小牛电动车公司是电动自行车行业的新秀。公司定位于全球高端市场,因而一开始就进入欧洲,如德国、法国、意大利、荷兰等发达国家。为了适应全球市场,公司采取全球本土化战略:一是设计本土化,根据各国环境和法律,设计为该国客户的专用车;二是供应链本土化,60% 以上的配套件由本地供应;三是人才本土化,从管理者到员工全部任用当地人才。由于本土化水平高,迅速打开市场,现已成为美国纳斯达克上市的优质公司。

点评

企业全球化经营有两大要点:思维全球化,行动本土化,本土化是全球化的必由之路。

案例 47

差异化经营

春秋航空公司在航空界小有名气，其最大的特色是差异化经营，突出体现在三个方面：一是直销经营，不通过批发、零售、代理等渠道，自营直销，直接面向客户，关键能取得客户的宝贵数据；二是低价经营，结构性降低成本，除确保安全外，业务性费用降到最低水平；三是定制经营，针对客户需求定制座位、时间、饭菜等，深受客户欢迎。差异化经营是红海中的蓝海。

点评

企业经营与其争夺数一数二，不如强化独一无二。在存量经济的当今，差异化战略是必然选择。

案例 48

虚拟毕业典礼

美国加州大学伯克利分校 2020 年为毕业生举行"虚拟毕业典礼",虚拟校园由 100 多个学生、校友在沙盒游戏"我的世界"中共同建成。其主要有两大部分:一是搭建校园 100 多栋建筑物,都是用数据构成的虚拟建筑;二是每个学生真人的数字化"替身"。大家在数字世界里一起庆祝毕业,校长致辞、学位授予、抛礼帽等该有的环节一个也不少。领完学位证,"替身"还可以替学生四处走走,甚至在校园里飞一圈,这在现实中可办不到,这是一次极其神奇的毕业典礼。

点评

人类进入数字世界势在必行,虚实融合的未来世界,离人们越来越近,将给人类带来全新的生活。

案例 49

参与感

小米集团的经营特色是客户参与企业经营，增强客户的忠诚度和美誉度。小米的主要做法：一是客户参与产品策划和设计，企业在开发新产品时，广泛征求客户意见，重视客户参与产品创新；二是强化客户体验，新产品上市前请核心客户体验产品，进而快速迭代优化；三是客户口碑传播，新产品一上市通过自媒体口碑相传，进行病毒式传播，很快取得市场成效。

点评

客户参与感特别重要。客户既是消费者，又是策划者，更是创新者，客户参与是最好的营销。

案例 50

企业服务业

企业服务业是新产业。上海有个英国公司,专门为中小企业管理小锅炉,是新兴的企业服务产业。该公司现已管理3000多台的小锅炉,首先建立远程运维的智能云服务平台,全部由系统进行运营管理。公司招聘了具有专业知识的人员,每人分管100台锅炉,主要从事数据监控。由于公司管理能力强,大大提高了锅炉的管理质量,减少了人力,降低了能耗,强化了安全,得到广大中小企业的认可,实现了社会效益与企业效益的双赢。

点评

企业服务业是新兴产业,企业中各种非主业服务都可以外包给专业公司,进行社会化服务,企业服务业前景无限。

案例 51

数字化员工

苏州某机械公司为数字孪生示范企业，公司数字技术应用水平较高。一位领导到公司考察，一进车间看到所有员工都在"玩手机"，领导对此颇有看法，上班时间还能"玩手机"？公司主管说员工不是"玩手机"，而是操作数据。于是将员工手机拿来一看都是数据，员工从采集数据到识别数据，然后操作数据。员工学习数据操作需要培训一个月，即将劳务型员工提升为数字化员工。

点评

在数字化时代，机器操作业务，员工操作数据，这将成为新工业的常态，为此要使劳务型员工转化为数字化员工。

> 案例 52

数字员工

数字员工已成为金融业职场"新宠"。平安银行在国内最早使用机器人数字员工，机器人"入职"上岗，能够"看懂文字、听懂语言、做懂业务"，有力协助自然人员工分担和处理单调、重复、规则、耗时的工作任务，现在已经深入"前台—中台—后台"的业务全流程中。数字员工具备一岗多能、多岗多能，其使用费用的"年薪"水平仅相当于自然人员工的月薪水平，即 1/12。同时可实现 7 天 24 小时全年全勤工作，工作效率是自然人员工的 5-20 倍，具有强大的优越性。

💡 点评

数字员工的使用势在必行，不仅能替代"机械性"劳务员工，更能使转岗后的员工从事创造性工作，发挥更好的作用。

案例 53

关系数据

中小企业信贷的数据信用十分珍贵。浙江一家银行中小企业贷款,主要依据是数据信用。该银行将企业数据分为两大类:一类是企业自身数据,重点是三张财务报表等,仅作为基础数据;一类是企业关系数据,作为核心数据。关系数据主要是与企业相关方面的外部数据,包括企业的投资者、企业的客户、企业的供应商、企业的合作方等,这些数据更能反映企业的真实状况,对数据信用起到决定性作用。实践证明,关系数据为最有效的数据信用。

点评

事物本身的数据虽然重要,更为重要的是与事物相关的关系数据,关系数据最能反映事物的真实性。

案例 54

两个"美的"

当今，物理世界正在向数字世界迁徙，实现两个世界一体化。美的集团率先打通物理世界与数字世界的界线，在两个世界运行：一个是物理世界的"美的"，做最好的产品和服务；一个是数字世界的"美的"，将实体映射为虚拟进行优化。在具体运行中，先将"现实美的"业务场景应用数字模型测算后，寻求优化的解决方案，得到数字智能的"虚拟美的"，然后再反馈到"现实美的"中去，实现两个"美的"最佳效果。

点评

虚拟与现实一体化是数字化发展的大趋势，首先在虚拟世界设计数字模型，经过迭代优化，然后进入现实世界，大大提高了成功力。

案例 55

全方位服务

产业服务的新方向,是从产品维保服务到内容服务进行全方位的服务。国内著名家电公司对电冰箱的服务是全方位的:一是维保服务,免费上门服务从三年延长到五年;二是内容服务,内容服务是重中之重,如提供智能菜谱,将大厨经验和实验室长期研究结果提供给客户,同时将健康营养融入烹饪曲线显示在电冰箱上作为增值服务;三是延伸服务,为客户提供一键驱动的电饭煲以及炒菜机器人等,深受用户欢迎和赞赏。全方位服务已成为企业的制胜法宝。

点评

服务已经渗透产品生命的全过程,全方位服务是新的竞争战场,企业要将服务创新作为发展的生命线。

案例 56

智能推荐

智能推荐是企业对客户的深度理解,从人找商品到商品找人。拼多多公司的核心竞争力是智能推荐,与同类型公司相比,拼多多总是多一层智能推荐。如客户在拼多多上搜索"无锡排骨",第一层关联推荐是"三凤桥",再多一层关联推荐是"四喜丸子"。又如客户在拼多多上搜索"鸡肉",第一层关联推荐是"鸡胸肉",再多一层关联推荐是"运动文胸"。这不是传统的关键词匹配,而是拼多多基于对客户模型的理解,精准的智能推荐。

点评

智能推荐已成为商家的常态,精准的智能推荐是基于大数据的分析,深度理解客户需求及潜在需求。

案例 57

内创业

企业内部创业是新的发展趋势，最为典型的是字节跳动公司。该公司的产品是通过内创业成功的。公司鼓励内部员工与外部创客结合组建创业团队，由公司平台提供主要资源和条件，产品生产经营由创业团队独立运营，并按照股权进行分配。公司对创业团队有严格要求，关键是有没有可持续的、意想不到的内创产品，到一定期限如果达不到标准就立马关停。字节跳动公司之所以会出现许多奇思妙想的产品，就是将内创业做到了极致。

点评

内创业是全新的企业机制，无论是新兴企业还是传统企业都可以将企业建成员工内部创业的平台。

案例 58

概率优势

深圳某实业公司投资上千万平方米的地下停车场,生意十分火旺。五年前公司老板划出一半的面积投资科技孵化器,对进场的科创企业不收租金,而要求占1%～2%的股权,半年不到已有100多个创业团队进入孵化器。公司请有经验的专业人士帮助经营,五年后创业团队大部分都成长壮大,其中三家创业公司已经上市,公司老板将1%～2%的股权变现,其收入数倍于所有面积停车场的收益,原先不看好的朋友都纷纷点赞老板的决策眼光。

点评

风险投资是概率优势,对于个体而言是不确定的,而对于群体而言是确定的,这是概率优势的价值。

案例 59

迁移学习

特斯拉公司的创始人马斯克的学习方式为迁徙学习。他在 40 岁时就已经建立了四家价值数十亿美元的公司，而且跨多个不同领域。所谓迁移学习，就是将从一个场景中学习到的知识应用到另一个场景中，也包括将在一个行业中学到的知识应用到另一个行业。马斯克有一套独特的两步迁移学习方法：第一步将知识解构为基本原理和思维模型；第二步将思维模型重新构建成独立的领域，再把两者有机融合，从而进入全新领域，获得"超能力"，迅速做出独特的贡献。

点评

迁移学习方式是全新学习方式，马斯克的两步迁移学习法值得借鉴，这是实现快速创新的有效途径。

案例 60

群体智能

苏州一家机器人公司，专做扫地机器人，已成为全国最大的扫地机器人制造公司。最初生产的扫地机器人供各家各户单个使用，无法将使用数据收集起来。为此公司提供联网机器人，将各家各户的扫地机器人联成网络，一方面通过收集使用数据，以利改进产品设计质量；一方面各家扫地机器人的应用场景不同，汇集不同场景的数据供机器人相互学习，使机器人越来越聪明，形成群体智能，大大超过单个机器人的水平，受到了广大用户的好评。

点评

单个机器人的数据有限，难于提高能力。众多机器人联网，将各种场景的使用数据相互学习，发挥群体智能威力无穷。

案例 61

产业生态化

江苏巨邦环境工程集团生产环境设备，在国内已形成品牌。近几年巨邦集团向产业生态发展，首创城乡环境综合服务新模式，从投资、咨询、运营到设备研发定制等入手，为小城镇提供"七位一体"的全方位整体服务，包括城乡环卫管理、物业管理、垃圾分类资源利用、垃圾收集转运、河道治理、绿化管养、农村小型污水处理等，实现城乡环境运营专业化、一体化和生态化。通过多年努力在全国城乡取得显著成效，创造了独特的新品牌。

点评

从产品生态走向产业生态服务是大增值，现实需求都是综合性的，单项产品服务解决不了用户需求，产业生态服务方能满足用户的整体需求。

案例 62

灯联网

南京中民物联网公司经营最新技术的光量子灯具，节能效率为90%，仅用传统灯具10%电量。该公司以灯为载体，通过物联网打造"灯联网"，每个灯座都是居于位置的物理节点，建立"数据基座"。以灯为基础，以数为主导，连接众多场景，提供大量增值的全方位服务。除照明主业外，有交通服务、健康服务、农业服务、安全服务、运维服务等，应用数据赋能建设跨界发展的产业生态体系，将成为百亿级的数字经济体。

点评

"灯联网＋数据基座"是全新模式，通过广泛连接实现数据赋能，就是构建跨界发展的产业生态体系。

案例 63

宽容失败

杭州高新技术开发区鼓励创新、宽容失败，构建良好的创新创业生态。高新区帮助进区企业成长，坚定不移地支持"明天不一定成功，但后天会灿烂"的技术和产业。"高新区是一个让我再次起飞的地方"，博联科技 CEO 刘宗儒说。他第一次创业失败后，在高新区再次创业。第二次创业的项目是"智能家居整体解决方案"，在高新区对该项目的评审中，不仅得到高分，拿到 500 万元启动资金，还享受各种优惠政策，现在公司的销售额已经达到 4 亿元。

点评

科技创新应与制度创新相配套，最好的创新制度就是宽容失败，营造试错、容错、纠错的商业环境。

案例 64

爱库存

上海梦饷集团为解决企业大量库存商品的难题，构建"爱库存"平台，创造全新的电商模式。一是"爱库存"的商业模式为 S2b2e，S 为平台，b 为小卖店或微商，e 为消费者。二是平台的功能，为供应性价比高的优质库存商品提供数字化系统服务，实现小 b "五天入驻，七天回款，自动入账"的效果。三是小卖店或微商全力为消费者提供体验和服务。梦饷集团为库存商品畅通销售渠道，现已整合 100 万合格小 b，创造了百亿级营销业绩。

点评

企业库存商品并不是不良品，而是没有找到合适的消费者。"爱库存"平台应用数字技术，通过线上与线下相结合，解决了库存商品的销售难题。

案例 65

按需制造

阿里巴巴以服装行业为样本，构建犀牛制造工厂，实现按需制造。"犀牛"按照消费者需求进行个性化设计，快速对接到生产端：达到100件以内的服装订单，生产七天交付，甚至更短。这里的关键是柔性化生产，全过程由数据驱动业务流程，从数据采集、数据流转、数据处理到建立数据模型全链路的数字化生产。人工智能AI技术的应用起到关键作用，以此推动工业互联网和消费互联网高度对接与融合。

点评

按需生产已从大规模定制走向小规模定制，要求批量小、交货快、成本低，这是新智造的全新模式，代表未来的发展方向。

新经济浪潮

案例 66

减法制胜

"波司登"是驰名国内外的羽绒服品牌。2017年，波司登公司确立新的竞争战略，坚持"聚焦主航道，聚焦主品牌，收缩多元化"的方针，对渠道、产品、整合资源等各方面持续优化升级。通过在主流市场需求下的品牌值重塑，激活消费者心中的"波司登＝羽绒服"认知，赢得了经济寒冬下的逆势增加。波司登公司曾一度盲目进入多元化，使企业发展徘徊不前，现在从"做加法"到"做减法"，让"波司登"在顾客心智中实现王者归来。

点评

企业战略创新就是发现差异化，在主业上全面系统地优化升级。盲目多元化就是边缘化，专注于主业，就能实现减法制胜。

案例 67

后向利润

小米的赚钱模式与传统企业完全不同，传统经济靠产品赚钱，卖掉产品就是赚钱，这是前向利润。小米不是靠产品赚钱，而是赚两大价值的后向利润：一是"经营数据"，小米的产品性价比高，吸引大量用户，获得海量数据，但产品并不赚钱，靠数据开发价值赚钱；二是"经营业态"，通过建立跨界生态系统，形成相互合作的生态效应，靠生态价值赚钱。数据与生态才是后向的大价值，这就是后向利润的真谛。

点评

产品已成为赚钱的载体，前向利润越来越小，数据与生态将成为新利润的根源，后向利润大有可为。

案例 68

新生活方式

日本茑屋书店以书为载体,为客户提供新的生活方式,特别为年轻人体现审美的空间。书店尝试"书+X"的新模式,以书的业态为核心,结合多种业态,吸引更多的目标客户,提供多元化、一站式的服务体验,增强客户黏性,获得更多价值。在书店内设立分场景的陈列方式,同时配备专业导购,如旅行、料理、汽车、园艺、饮食等,在客户读书的同时提供咨询,推荐消费方案,激发消费者的购买欲望,甚至进行定制化服务,被誉为"全世界最美服务的书店"。

点评

读书与实务相结合,在读书的同时,满足客户新的需求,这是经营客户的好办法,从商品思维到客户思维是重大突破,为客户服务是无止境的。

案例 69

闲置手机

旧手机何去何从？从 2015 年至 2019 年，中国总生产手机 94 亿部，有的过时了，有的没有用，更多藏在抽屉里。日本最大的电信运营商都科摩公司回收 621 万部手机，主要是为了迎接东京奥运会，为运动员制作各种奖牌。通过奖牌制作团队艰苦工作，在回收的手机中提纯了 32 千克黄金，3500 千克纯银和 2200 千克铜，有效地节约了制作奖牌的成本，又大大减少了社会资源浪费，这在奥运史上是第一次，是做了一件大好事。

点评

将浪费变成消费是一个时代的命题，深挖"浪费"的社会价值，就是要发展闲置经济，这才是真正的共享经济，值得社会重视。

案例 70

消费者社区

消费者社区正在悄然兴起,对新的消费起到了引领作用。"小红书"是一个典型的消费者社区,通过数字技术将用户连在一个社区中。在消费者社区中用户自己产生内容。"小红书"里70%的内容都是用户自己提供的,即UGC。"小红书"是国民种草机器,社区里大家可以讨论、对比:"我们是不是要这样生活?""还是那样生活?""什么样的生活是好的",人们自己会做出决定,这样用户就变成了销售者。在消费者社区,每个人既是消费者又是销售者,构建了新型的社区。

点评

消费者社区是用户自我教育的场所,许多新的产品、新的业态、新的模式是需要消费者教育的,由用户自己教育自己的作用更为有效。

案例 71

特征数据

IBM 公司致力于将美国城市建设为智慧城市，一个重要项目是应用人工智能 AI 技术，解决交通预测方案。交通部门提供车辆和道路数据后，AI 算法模型在实际场景中始终不满意，无法解决上下班交通拥堵。有专家提出应该增加特征数据，主要是人的数据，通过人们在"推特"上发表的信息，增加大量的行为和活动数据，形成新的 AI 算法模型，这个模型加入了核心特征数据，解决了智能交通的预测，有效地克服了上下班的交通拥堵。

点评

人工智能模型需要场景中的特征数据，人是特征数据的核心，在场景建模中起到决定性作用。

案例 72

办公机器人

上海达观数据公司是生产办公机器人的人工智能企业,主要从事办公人员的文字资料处理业务。一是对重复性的文本业务,将机器人流程自动化嵌入电脑中,辅助办公人员处理业务;二是对结构性的文字写作,通过数据和经验学习,由机器人进行自动化写作。办公机器人从事文字资料处理与人工相比,工作效率提高20多倍,而且保证质量。根据预测分析,50%的文字资料处理可以由办公机器人完成,而现在仅为1%,未来的发展空间越来越大。

点评

办公机器人是白领办公人员的好帮手,这类机器人实质上是人工智能的算法,由机器人实现办公流程自动化。

案例 73

大家居共享

艾佳生活公司是传统的装修行业，服务于大家居生活。艾佳建立大家居共享经济平台，为众多中小装修公司实施平台共享服务：一是设计共享，平台有15000多个设计师，为行业共享；二是施工共享，将施工单位所有项目经理，为行业共享；三是物流共享，将平台的全国物流系统，为行业共享；打造数字化的、在线化的、网络协同化的整个大家居操作系统。这一共享模式现已覆盖全国180多个城市，整个公司仅四五百人，销售额达到数百亿元。

点评

装修行业是较低端、较分散的行业，数字化最能发挥行业的组织作用，建立共享平台，在同一生态体系中，实现共生同享。

案例 74

共生汽车

上海汽车集团创新的"智己汽车",由汽车科创公司制造,用户成为智己汽车价值链的核心驱动。通过用户提供的大数据,企业价值链形成可持续的发展闭环。在运营中,智己汽车的用户驱动企业的研发、生产、制造、营销等全业务链。日常用车过程中所产生的数据由 AI 人工智能自动化处理,推动产品迭代、品牌塑造。与此同时,智己汽车与用户一起成长,构建共生的全新企业生态,实现用户与企业的"共创、共生、共享"。

点评

智己汽车成为"车体上的超级中央计算机",智能汽车将成为智能手机以后最佳的智能体,将与人类共生。

案例 75

家庭工业园

浙江湖州长兴创建"家庭工业园",推动家庭织布机进入工业园。整个"家庭工业园"为两幢楼宇,以纺织机生产面料为主业,其运作方式主要是:由营销大户负责接单,面向国内国际市场;由家庭小微企业自行认购机器,带纺织机入园;由第三方工业互联网平台进行运营,集中提供三项服务,即设备联网、生产管理和园区服务。现在园区已有1.1万台纺织机入园,组建机联网,生产的产品远销国内外,机联网成为新型纽带,创造全新的生产关系。

点评

"家庭工业园"是一大创举,对发展小微工业作用重大,特别是机联网的发展具有普遍推广价值,成为生产关系创新的典范。

案例 76

用户流量思维

对于流量有两种模式：A店基于地段"买流量"，在店内竞竞业业招呼顾客，顾客离店即失联，互不打扰。B店基于顾客"造流量"，不断地设计和顾客互动，与顾客相遇、相遇、再相遇，源源不断制造流量，从而反复成交。A店是"买流量"，B店是"造流量"，其效果完全不同。"造流量"一方面到公域大海中去精准捕鱼，一方面在私域小池中精细养鱼。流量制造是以每个用户为核心，进行用户的全方位互动，从而实现从"人找货"到"货找人"的转变。

点评

用户流量思维就是要不断制造流量。流量的本质是信息的流动，掌握用户的数据。用户运营是数字化转型中最大的价值洼地。

案例 77

联盟之路

大成律师事务联盟是全球较大的律师事务所机构，其特点是三级联盟制：一是雇主与雇员的联盟，所有律师完全自由，报酬上不封顶、下不保底。二是合伙制联盟，有500多个高级合伙人，每个合伙人都有自己的团队，实现双方选择、相互投资、相互信任、相互受益，大家既开心挣钱又多。三是各国律所联盟，有52个国家的律所参加，以共同愿景为纽带，构建全球律所的网络化生态体系。

点评

联盟的本质是连接，通过广泛连接建立产业生态体系，产业生态以共同愿景为纽带，既独立自由，又共享资源，共创价值。

案例 78

代码公司

"元气森林"是生产饮料的新兴公司，其将公司定义为代码公司，"我们是一个用代码组成的公司"。在研发设计端，由代码决定产品的研发设计，消费者数据成为企业研发设计应用的原料，所以生产的产品与消费者的需求完全匹配；在产品营销端，自建消费者社区，将消费者数据作为核心资源进行分析，通过代码模型精准推送。更重要的是使消费者自己产生数据，将消费者变成销售者，消费者之间相互赋能，形成既是消费者又是销售者的全新格局。

点评

未来企业大都是代码数据公司，企业的生产经营本质上都是数据的流动与转化，以数据流驱动业务流。

案例 79

图书屋

上海浦东新区图书馆发起创建"图书屋",即二手书屋。现在大量书籍闲置在很多人的家中,如果贡献出来,通过流转循环使用,将产生巨大价值。"图书屋"就是由众人将二手书集中起来供大家阅读。"图书屋"从浦东开始,现已发展到上海及17个省市,有上千万"图友"贡献二手书,共计有3600多万册。特别是"图书屋"现已深入贫困地区,建立"农家图书屋",为广大贫困学生提供学习阅读的机会,已收到极好的社会效益。

点评

二手书是闲置书籍,集聚起来为大家共享,这一创举值得赞赏,其他闲置物品也可以进行共享或交换,实现全社会的低碳生活。

案例 80

虚拟大学

深圳初创时缺少大学，就创办虚拟大学，虚拟大学是一个百家大学。虚拟大学新建的教学大楼，有100多间小教室，每间教室引进一所大学，包括国外一流大学哈佛、剑桥、东京等，国内一流大学北大、清华、复旦等，共引进100多所大学。教学方式主要有两种：一种是免费课程，学生可以直接通过视频学习；一种是直播收费课程，老师与学生可以与著名教授在视频上交流和答疑，从而得到最好的教学资源，受到广泛的赞誉。

点评

虚拟大学的优势十分明显，将全球最好大学的教学资源集中到一起，成为集百家大学的世界综合性大学。

案例 81

虚拟大药房

上海"1药网"是全国性的虚拟大药房,已链接28万家药店,为药店、医院乃至个体提供服务。"1药网"的商业模式为三大组成:一是药品供应链,通过整合全国药品资源,提供优质价廉的药品;二是大健康服务,面向广大顾客进行医药咨询,实施药品健康一体化服务;三是跨界发展,建立产业联盟,与保险、金融、人才机构等合作,提供集成服务。"1药网"已成为名副其实的数字化药品健康大平台。

点评

每个行业都有机会建立数字化云平台,为整个行业提供集成服务,提高产业发展水平,"1药网"是成功的典范。

案例 82

不变原则

美国亚马逊公司的创始人贝佐斯，制定发展战略的基点就是"不变原则"，尽量找到事物不变的东西，把所有资源放在不变的东西上，"All IN"不变。贝佐斯研究零售的不变原则，集中起来有三条：一是无限原则，顾客对商品和服务的需求是无限的，选择更是无限的；二是最低价格，顾客追求物品的性价比，选择性价比最低的；三是快速配送，顾客要求购买的商品能快速送达。不管环境如何变，这三条是永远不变的，零售坚持不变原则是永恒的，这是贝佐斯的经营之道。

点评

环境是不断变化的，简单地适应环境的变化是难以做到的，反其道而行之，坚持恪守不变原则，却是应对变化之道。

案例 83

虚拟共享工厂

浙江桐乡的羊绒制品公司，和周边9家企业抱团建立"虚拟联合工作"，统一接单，集中打样，按照每家工厂的生产情况分配单量，接到无法消化的订单，共享给其他订单匮乏的工厂，实施"谁的机器在空闲，谁有档期，谁就去做"的模式。这种模式既能保障订单多时，避免延期交货问题，又能使淡季生产停滞的工厂调节生产能力。虚拟共享工厂的关键是数字技术赋能，实现分布式生产的协同组合。

点评

"虚拟共享工厂"是新型的生产组织模式，看似分布式松散组织，在数字化推动下，成为更加协同性互动组织，构建新型生产力。

案例 84

生态优先级

快手是短视频发布的热门平台，快手的秘诀是将做生态放到优先级。从表象看，快手的"货币化率低"，其实质是长期主义，打造生态平台要有长期战略。快手搭建生态平台，做大用户规模，制造流量优势，虽然短期不赚钱，但价值不断提升，先做值钱企业，再做赚钱企业。通过平台交易与服务，积累全方位生态用户，一方面向品牌方收取服务费，一方面向第三方商家收取佣金，现金流源源不断，这就是生态优先的价值。

点评

每个业务都可以做生态，从"点"扩展到"体"，将各种元素集中到生态体系中，就能产生意想不到的新价值，生态优先是发展规律。

案例 85

共享衣橱

广州有家共享衣橱，生意十分红火。共享从三方面组织：一是供给方面，请服装企业开发新款产品，提供样品来做广告，进入共享衣橱,已收集数万套各式衣服,通过分类编码整理存放。二是需求方面,请用户需要时进行租用,特别是服装模特,经常换装需要大量资金,通过租用可随时换装试穿,而且租费不高。三是共享平台方面,主要做好用户信用评估,帮助搜索合适服装,做好租用手续。共享衣橱使三方都得益,实现多方共赢。

点评

共享是新的资源组织方式，资源不必全部占有，关键在于合理使用，共享衣橱的方式可以举一反三。

案例 86

城市大脑

阿里云的创建者王坚院士应用云计算构建杭州市场的"城市大脑",即通过大数据和人工智能,更高效合理地管理城市。"城市大脑"的一项重要应用是确保特种车辆的快速同行。所谓特种车辆如救护车、救火车、警车、抢险车等,都需要抢速度救援。凡是特种车辆与"城市大脑"连接在一起后,当车出现在大街上时,大街上所有道路都是畅通的,因为红绿灯被"城市大脑"调整过了。这样特种车辆到达现场的时间,至少被缩短50%,省下来的是救命时间。

点评

"城市大脑"是城市管理的智慧大脑,广泛应用于城市的交通、电力、水务、环保、建设等众多场景,这是云计算平台强大威力。

案例 87

服务供应链

无锡"机床城"是全国性通用机床服务大市场，集中提供服务供应链，为此在线下建设"机床城市场"，线上构建"机床服务云"平台，主要有五大功能：一是机床维修服务，线上组织数千名高级维修技师，就近为各地机床提供维修服务；二是机床交易服务，既交易新机床，又交易二手机床；三是机床置换服务，对于需更新的机床以旧换新；四是机床加工任务，提高高端机床利用率；五是金融服务，应用物联网技术提供投融资服务，目前服务供应链还在继续延伸。

点评

生产供应链比较成熟，服务供应链还刚刚开始，其供应服务链很长，具有广阔发展前景。

案例 88

商业社群

优客工场为创业者建立创业生态体系,提供创业的整体解决方案,为此创建两大商业社群:一是创业者商业社群,将数以万计的创业者组成强大社群,举办各种商务社交活动,使创业者之间互相赋能,增加商业机会,产生新的商业价值;二是服务者商务社群,将数以千计的服务商组成合作社群,建立联合办公生态圈,开发数百个APP,为创业者提供全方位服务。创业者社群和服务商社群都汇聚在一个数据平台上,就像一家大企业,形成共生共创共享的创业生态体系。

点评

创业已进入社群化新阶段,一方面各种服务资源社会化,相互合作为创业者服务;一方面创业者之间社群化,在一起相互赋能,社群化创业势在必行。

案例 89

值钱企业

赚钱企业与值钱企业是两种类型的企业，值钱企业的价值远远高于赚钱企业。美国亚马逊公司是典型的值钱企业，该公司长期亏损，但其市值大大超过许多500强企业，最终成为赚大钱的企业。亚马逊公司之前的主要标志在"三个大量"：一是大量客户群体，公司始终把客户放在第一位；二是大量现金流，公司以现金为王；三是大量数据源，数据是最大的战略资源，这三条使得亚马逊是最好的值钱企业。

点评

赚钱企业着眼于短期利益，值钱企业着眼于长期利益，客户群、现金流、数据源都是值钱企业的价值所在。

案例 90

智能研发

上海张江某新药公司不生产新药，专门为药品企业研发新药。公司集中研发小分子新药，应用智能新技术进行研发：一是建立海量数据库，采集国内外最新的药品数据，进行大数据分析；二是构建药品模型，应用人工智能 AI 算法，一方面设计药品结构组成，另一方面设计药品生产工艺流程；三是不断迭代优化，通过小动物生物试验反馈结果进行迭代优化，在确定成功后由药品生产企业正式投产。由于智能研发药品，大大缩短研发周期，确保产品质量，取得了丰硕成果。

点评

智能研发已成为新的趋势，将大数据、人工智能等数字技术融合在产品研发之中，将产生事半功倍的全新效果。

案例 91

"三众"资源

深圳某 3D 打印公司研制 3D 打印新设备，在美国硅谷向 DIY 人群"三众"资源，获得上市成功。一是"众智"，DIY 人群都是聪明人，向他们征集各种奇异新想法，对 3D 打印设备的设计具有重要的价值，能更好适应用户需求。二是"众筹"，向 DIY 人群"众筹"开发资金，由于大家参与设备设计，都愿意响应筹资，公司将研发成功的设备作为众筹回报。三是"众包"，3D 打印设备设计完成后，公司向社会发布，由生产企业进行"众包"制造。通过"三众"一体化解决了智慧、资金和市场，一举三得。

💡 点评

企业要善于应用社会资源，"众智"是应用社会的智慧，"众筹"是应用社会的资本，"众包"是应用社会的产能，这是最佳的商业模式。

案例 92

合作共赢

贝壳找房网是美国中概股中最大的产业互联网企业，其核心要诀就是合作共赢，实现房源、用户和经纪人之间的良性平衡。从经纪人端，先通过链家自营形成高效的经纪人服务团队，打造标准化的中介服务，大幅提升二手交易效率。从房源端，通过供需两侧的数字化，推出海量真实房源数据的楼盘字典，以及全生命周期的真房验真系统。从用户端推出经纪人合作网络模式，在同一订单中不同环节服务相关方都实现利益分享，从而解决房源、用户和经纪人之间的平衡，构建合作共赢的良性产业生态。

点评

多方协作的系统最重要的是合作共赢，合作需要数字化，提高合作诚信和效率；共赢需要共享化，平衡好各方利益。

案例 93

场景代替产品

海尔的三翼鸟公司聚焦智慧家庭，将居家的阳台变成新的场景。上海用户希望阳台不要仅为洗晒衣服，三翼鸟经过系统研究，把阳台变成洗护阳台，以后又变成休闲阳台、娱乐阳台、喝茶阳台等，将产品变成全新的场景，带动爆发式增长。原来三翼鸟卖一台洗衣机仅千元钱，现在卖场景价值倍增。在体验店中平均的场景客单价已达到 21 万元。从原来很小的用户需求发展到所有用户的需求，在全国各地得到推广，真正实现实场景替代产品。

> 💡 **点评**
>
> 从产品到场景是重大升级，每一个场景都有丰富的需求，都能实现意想不到的新价值，现在场景正在替代产品。

案例 94

数字孪生

未来数字世界和现实世界是一体两面的,打通数据流是数字孪生的基础。在数字产品孪生领域,特斯拉公司为其生产和销售的每一辆电动汽车都建立数字孪生模型,相对应的模型数据都保存在数据库。每辆电动车每天报告其日常数据,通过数字孪生的模拟程序,通过使用这些数据来发现可能的异常情况并提供纠正措施。现在特斯拉每天可获得相当于 160 万英里(约 271 万千米)的驾驶体验,在不断的学习过程中反馈给每辆汽车,为使用者提供智能服务。

点评

数字孪生是将数字世界与物理世界实行一体化运营,通过数据模型为物理实体提供各种智能服务,具有无限的发展前景。

案例 95

淘工厂

阿里巴巴公司建立"淘工厂"平台，在平台上集结数万家生产工厂，成为一个超级大工厂。"淘工厂"将电商买家订单与制造厂商产能进行对接，制造厂商的产能数据包上云平台，电商买家的数据包同步上云平台，通过双方数据包的有效匹配，实施产能档期的柔性化生产。如此解决了两大症结：一方面电商买家有订单无工厂；一方面制造企业有产能无订单。"淘工厂"平台也获得服务收益，真正实现了"三方共赢"。

点评

产能过剩是个大难题，搭建产能与需求的大平台十分必要，这里的关键是两方数据的匹配，数据的流动大有可为。

案例 96

每人一亩

"人人一亩田"公司创始人张桓,为客户提供"绿色、环保、健康"食品,提出客户每人一亩田,保障蔬菜供应,这个一亩田是虚拟一亩田,通过客户与蔬菜基地对接实现。一是客户端,公司积累10多年数据,对数万名客户的数据建立海量数据库,精准了解客户的实际需求。二是生产链,要求蔬菜基地生产标准化套餐,与客户的需求数据动态匹配,对VIP提供定制化产品。三是渠道端,公司与渠道合作配送蔬菜,主要渠道有盒马、拼多多、京东等。"人人一亩田"制造了生鲜电商的零售新模式。

点评

"人人一亩田"是虚拟一亩田,其核心是通过客户大数据与生产基地优化匹配,数据已成为新零售的最重要基因。

案例 97

电商直播村

浙江义乌是全球著名小商品市场集散地，最近三年义乌在小商品市场发展电商直播，成就了闻名全国的北下朱村。北下朱村全村都搞电商直播，每家房屋下面为门店，上面住主播。门店与品牌企业紧密连接，构建品牌商、经销商、主播三位一体的经营体系。主播在其中起主导作用，主播都有大量私域流量，白天背段子，晚上搞直播，效果十分明显。主播集中经营私域中的粉丝，为其提供极致服务，粉丝黏性很高，同时进行大数据分析，为客户画像，为此成交率很高。

点评

电商直播的关键是主播，好的主播有三大要素：一是规模化的私域流量；二是大数据分析为客户画像；三是对粉丝极致服务，提高粉丝黏性。

案例 98

开发者平台

平台经济不断发展呈现三大类型：平台 1.0 为交易型平台；平台 2.0 为生产型平台；平台 3.0 为开发者平台。百度智能云为 3.0 开发者平台的典型，在百度开放平台上开发者数量日益增长，至 2021 年 5 月已达到 320 万开发者，较上年增长 70%。开发者平台超越交易和生产成为创新型平台，最具有创造力。特别是百度平台人工智能 AI 的开发者平台，深受企业欢迎。现在人工智能的定制需求十分旺盛，庞大的 AI 开发者群体在百度平台上输出 AI 能力，已服务企业 10 万余家，成为中国最具创新能力的智能平台。

💡 点评

平台从交易功能到生产功能再到开发功能，是不断升级的。开发者平台为高级别的，对产业发展起到决定性作用。

案例 99

老设备智能化

无锡一棉纺织集团公司是世界一流的棉纺企业,公司在数字化转型中,创造了利用老设备智能化转型的新路子。公司在实践中意识到,智能化新设备生产的产品质量并不符合客户标准,而仍然需要依靠原有的老生产线。如果淘汰老设备,产品就会丢失生命力。企业也会丧失核心竞争力,这就背离了数字化转型的初衷。为此,公司基于老设备进行数字化改造升级取得了成功。老设备经过智能化后,全公司工人劳动强度降低60%,产量提高20%,生产效率提高30%,员工成本降低40%,成为全行业的排头兵。

点评

企业数字化转型要重软件轻硬件,硬件尽量不动,通过软件升级来转型,这样既节省成本,又提高水平。

案例 100

工业互联网赛道

工业互联网具有复杂性和多样性，国内的工业互联网赛道已经集结了五路大军。第一路是以用友、金蝶为代表的工业软件企业，在寻求转型过程中自行闯进来。第二路是以海尔和三一重工为代表的制造业受益者，由于对工业软件的需求而顺势加入。第三路是以阿里、腾讯等为代表的互联网新贵，发展以云技术服务为主体的赋能业务。第四路是华为等电信领域里擅长硬件开发的优势企业。第五路大军是典型的工业互联网平台，最具代表性的是"雪浪云"，这是专注研发数据处理技术的大平台，通过工业知识数字化和工业知识自动化，构建"工业大脑"，成为最有发展前景的工业互联网赛道。

点评

工业互联网平台是以工业知识为核心的运营平台，专注于工业知识的数字化和工业知识的自动化，实现制造业的数字化。

Part 02
新经济案例精选

案例 101

云上 618

京东集团的"云上 618"已成为全球范围超大规模的数字工程之一，涵盖 200 个产业带商品的线上销售和超千亿元的金融服务。"云上 618"推出全新的混合云操作系统——云舰（JDOS），具有十大数字新技术。其中最有代表性的是"多模态营销内容生成"，这是基于自然语言理解与知识图谱技术，通过大量研究和模拟开发，对商品营销内容进行人工智能写作服务，在京东商城"发现好货"频道和社交电商等场景广泛应用。京东云的"达人写作"覆盖 3000 多个商品品类，累计生产 3000 多万篇 AI 内容，相比人工撰写内容，商品购买转化率超过 40%，成本降低 93.2%，收到意想不到的好效果。

点评

人工智能已渗透到经济与社会的方方面面，AI"达人写作"具有人工无法比拟的优越性，充分体现人工智能的强大作用。

案例 102

农业大脑

杭州建德杨村桥镇是草莓小镇,当地政府打造草莓种植产业的数字化平台——"农业大脑",通过数据收集,打通产业数据流通各环节,精准帮助农民实现数字化农业生产与销售。"农业大脑"智慧管控集中体现在:一是大棚里的自动化浇灌,集施肥、浇水于一体,实施精准施灌;二是大棚内安装有各种传感器,温度过低或浇灌断电都能及时通报,防止抗寒受冻和断水浇灌;三是利用电能采集器监控大棚中的用电情况,提高设备用电效率;四是配备草莓采摘机器人,让前来采摘体验的游客眼前一亮,充分体现了"农业大脑"的优越性。

💡 点评

农业数字化前景极为广阔,从种子供应、农业养殖、产品收割到流通销售等诸多环节的生产经营方式彻底改变,"数字化农业工厂"大有可为。

案例 103

移动门店

2020年10月13日，美团公司人工智能智慧门店"MAI SHOP"在北京首钢园区开张，这是一家与一般门店聚焦店内的智慧零售不一样的门店。"MAI SHOP"是实现自动化分拣和无人送货的"移动智慧门店"，对商家选址要求较低，用户需要做的仅仅是"站在原地，手机点单"。在首钢园区内有十余处无人零售站牌，站牌上附有美团"MAI SHOP"小程序，扫码付款后，会收到有验证码的短信，约十分钟后，无人配送车会沿园区道路驶来。用户只需输入手机收到的验证码，即可取到下单的商品。现在黄色的美团无人配送车已经成为首钢园区的一道风景线。

点评

移动门店是一大创新，应用人工智能技术实现智慧门店服务，购物不一定找商店，也可以等机器人送货上门，"站点+无人配送"是生活方式新变革。

案例 104

中央工厂台

广东省揭阳市揭阳区的支柱产业为塑料拖鞋，当地已形成约 300 亿产值规模的塑料日用品传统产业集群。相关生产企业超过 2500 家，但其中 85% 以上都是小作坊，为此当地政府着手推动揭阳日用塑料品产业集群的数字化转型。在对揭阳开展 3 个月左右的深入调研后，当地政府会同有关企业，一共梳理出 14 幅当地中小企业的"画像"，重点提出以激活传统中小企业转型意识为突破口，集中力量打造"中央工厂"的数字化转型平台，将广大中小企业集合到平台上总体发展。经过五个多月的尝试，相关企业的生产成本降低 25% 左右，质量提高 15%，同时产量提升超过 2.2 倍，取得了十分明显的成效。

点评

"中央工厂"是各大平台通过公共服务和赋能指导，对广大中小企业的发展起到决定性作用，这是十分有益的尝试。

案例 105

独立站

两年前，ShopifY 公司一个名不见经传的加拿大电商，到 2020 年公司市值已经突破 1300 亿美元，交易总额达到 1196 亿美元。ShopifY 创造"独立站"电商全新生态，公司不是一个直接面对消费者的平台，而是一个专为卖家提供服务的平台，通过各项服务把自家平台与"独立站"串联，形成商业闭环。ShopifY 商业模式是为卖家提供电商的整体解决方案：一是完备的整套服务流程，从网站设计到线上支付，从客户服务到数据分析，从运营推广到物流管理全部得以解决。二是提供客户流量，公司通过与 Facebook 等主流媒体合作，帮助卖家流量接入并进行品牌推广。三是低廉的收费机制，采用月订阅制方式，根据不同范围的服务收取每月 29－299 美元的服务费，现在 ShopifY 已进入发展的爆发期。

💡 **点评**

　　平台与成员的关系不仅仅是收费，更不是竞争关系。平台要为成员赋能，形成兄弟伙伴关系，构建相互共赢的产业生态体系。

案例 106

预防性维护

韩国大韩航空公司拥抱人工智能 AI，对飞机进行预防性维护。以往公司对数百架飞机多年的历史维护记录无法搜索，维修技师每次都必须重新诊断来解决问题，而无法参考已形成文档的经验。如今，人工智能 AI 支持的算法可以从众多来源搜索大量的结构化和非结构化数据，以找出任何问题的根本原因并推荐解决方案，从而使每年超过 20 万个维修案例的诊断时间缩短 90%。同时借助 AI，维修人员能够有效发现隐藏的联系和反复出现的设备故障模式，成功实现预测潜在故障进行预防性维护，大大提高了航空的安全水平。

点评

人工智能 AI 技术有两大优势，一是对现实的优化，二是对未来的预判，预判的价值无可估量。

案例 107

数据即服务

德国宝马汽车公司在经营中提出"数据即服务"的新业务，公司建立 CarData 的平台，构建由合作伙伴和服务提供商组成的数据驱动型生态系统。现在，全球超过 800 万辆宝马汽车配备了永久有效的 SIM 卡，用于收集诊断数据。包括电池电压、错误消息、冷却液温度、液位和行驶里程等数据。一旦获得客户许可，公司即可与经销商、在该平台上注册的独立维修商和零件经销商共享诊断数据，使其能够发送维护提醒，在汽车故障之前提供各项服务，真正体现"数据即服务"。

点评

数据即服务，这是数据中隐含无数的智慧，数据从场景中来，到场景中去，为场景提供服务。

案例 108

商品找人

传统零售的门店和网店都是人找商品，拼多多公司实现商品找人，这里的关键在于匹配。拼多多的主要做法是：第一改变逻辑，变物的逻辑为人的逻辑，通过拼团了解人的需求，满足人的需求；第二大规模定制，真正实现 C2M，要求品牌商实现大规模定制生产；第三有限品类（sku），专注精品类，满足结构性丰富需求；第四大数据分析，通过数字模型进行匹配发送，数据推荐最为精准，未来要发展机器推荐，实现商品找人。拼多多的反向定制十分成功，销售业绩呈现几何级增长。

点评

从人找商品到商品找人，这是营销方式的大变革，这里的关键是数据的采集和流动，通过数据匹配实施商品找人。

案例 109

自我演化

"今日头条"新媒体的发展是"自我演化"的过程。公司建立"自我演化的信息服务系统",这个系统在开放部署完成之后,并不能提供很好的服务,而是在用户的使用过程中,不断地理解用户的输入。用户的每次使用,不仅是使用这个信息服务,并且是教育这个系统。其中使用反馈起到极其重要的作用,通过使用教育,让这个系统变得越来越有智慧,系统也就随着这个过程自发地成长。这就是"自我演化",成为一个活着的生命体。

点评

企业要高度重视产品的信息,使用信息是产品研发和改进的关键数据,通过使用教育,使产品实现"自我演化"。

案例 110

OTA

OTA 为软件定义汽车，特斯拉创造"卖车＋卖软件"相结合的新商业模式，实施 OTA 软件打包。特斯拉为汽车购买者提供高达 1 万美元的 FSD 软件功能包，将软件包预埋在硬件中，同时不断地升级服务，已升级 56 次，成为汽车用户无法或缺的智能助理。OTA 合作模式还可用于存量老汽车，有三种方式：一是交钥匙工程，搭建软件付费；二是新功能搭建，收取项目开发费；三是按需收费。据此，特斯拉 2020 年软件收入已超过 19 亿美元，预计到 2025 年将达到 200 亿美元。

点评

软件定义汽车已成为大趋势，通过软件的不断升级使汽车越来越智能，汽车如此，其他产品将亦是如此。

案例 111

现金为王

据美国银行的一项研究，82%的公司经营失败归因于现金流的缺失。银行老总讲了一个故事，有位游客路过一个小镇，他走进一家旅馆给了店主1000元现金，挑了一个房间就上楼。店主拿这1000元给对门屠夫支付这个月的肉钱；屠夫去养猪的农夫家把拖欠的买猪款付清，农夫还了饲料钱，饲料商贩还清了借款人的钱，借款人赶紧去旅馆还了房钱，这1000元又回到旅馆店主手里。可就在此时，游客说房间不合适，又将钱拿走了，就这样全镇的债务都还清了。这个故事充分说明了现金流的极端重要性。

点评

对于企业来说，现金流为王。企业债务多不要紧，企业不赚钱也不要紧，关键是现金流不能断。现金流是企业的生命线。

案例 112

信任电商

快手是品牌商品的直播平台。在实践中快手认为信任是电商的基石，重点打造"信任电商"，强调一个理念是"不要骗老铁"。为此快手教育主播每一次交易都相当于使用一次信任，当粉丝收到商品与宣传相同，主播就收回信任。同时快手推出"小店信任卡"，通过"退款不退货""退货补运费""假一赔十""七天无理由""极速退款""极速发货"等不同梯度的差异化权益，来保障消费者的购物体验。现在快手已将信任经济作为"第二增长曲线"。

点评

商业的本质是信任，电商是不断进化的，发展"信任电商"是必由之路，唯有坚守信任，才能可持续发展。

案例 113

云上神器

企业上云已成为时代的新需求。"虎翅云工厂"是工业企业的掌上推广神器，成为国内首家"轻量化掌上云工厂"的数字化推广平台。现平台上已有 8 万家工厂即时在云，受到 32 万工业代理商、近 40 万家采购商的高度关注。"虎翅云工厂"的应用，三分钟就可以将企业的产品、工厂、样本、资质等搬到掌上云端。同时，采用创新式的"工业抖音"传播方式，在老虎工业云十多年积累的 3000 万工业社群中高效传播，轻松帮助企业获得更多新用户，产生更多新合作。许多企业上云一个月，获得点击关注已高达 30 万人次，并得到大量新订单。

点评

企业数字化转型，不是从"0"开始企业独立建设系统平台，而是上云平台，享受大量公共服务系统，这是企业数字化转型的"云上神器"。

案例 114

共享医院

杭州建立共享医院 Medical Mall，这是一家由多家医疗机构"拼"起来的医院，实行医疗资源共享模式。共享医院主要有三大特色：一是医院环境特别，医院建在大商场里，装饰得很淡雅，很阳光，消费者十分方便进行医疗服务。二是基础医院设备和服务共享，医院建共用的药房、手术室，请一家机构统一负责基础的检验、病理、超声、医学影像等服务，实行共享和合理分配模式。三是优质诊所和医生创业者可以"拎包入驻"，共享医院资源，无需再重金投入。共享医院大大节省了成本，提升了人气，对传统医院形成重大的冲击。

💡 点评

共享医院是一大创举，对医院来说减少了投资、节约了成本，对消费者来说方便了服务，减轻了医疗费用，一举多得。

案例 115

虚拟主播

主播直播带货已成为普遍的营销方式，近年来虚拟主播悄然而生，具有比真人主播更大的优势，因为虚拟主播无不良嗜好，能几天几夜游戏直播而不下场，永不塌房。虚拟主播除全部虚拟的二次元动漫形象外，最新的主播是虚拟 up 主，这是虚实结合的直播赛道的新玩家。虚拟 up 主首先请画师设计好动漫形象，做一个可动模型，买一个摄像头，采用 3D 动作捕捉技术，再以真人配音，就完成了虚实结合的主播。在直播中随时跟客户聊天交流，许多虚拟 up 主已拥有数百万粉丝流量，身价超过亿元。

点评

虚拟主播是全新的物种，应用数字技术做主播具有无可比拟的优势，特别是虚实结合的主播，发展前景无限广阔。

案例 116

隐私计算

隐私计算打破数据孤岛，助力企业机构挖掘数据价值，保护数据安全。上海汇立集团在隐私计算上，已经获得多个国家专利，保持领先优势；由创新研究中心研发联邦学习平台，已与多家上市公司通过平台完成联合建模，在天冕科技进行商业化输出。汇立隐私计算正在打造一个安全、合规的数据交易平台，无论是数据所有方还是使用方都可以很方便、低成本地在平台上交易数据。小公司、创业公司也能利用社会大数据资源发展创新业务。隐私计算还可以让企业开放原来无法共享的数据资源，发挥更大的社会价值。

点评

隐私计算是创新型计算，实行"数据可用不可见""数据不动场景动"，成为数据共享与流动的重要机制。

案例 117

虚社交型酒店

武汉武昌区一家海伦司酒店，属于年轻人夜间社交的新型酒店，从适应大学生群体强大的"以酒会友"社交需求，进而扩展到面对城市更多年轻人的"社交型酒店"。海伦司酒店主打社交氛围营造聚友环境，凭借强化社交属性和高复购率不断发力。海伦司酒店最大特点是性价比高，外界卖 20 元/瓶的啤酒只卖 10 元/瓶，经常举办免费 2 小时、发放优惠券等活动，还提供颜色鲜艳、适合拍照的漂亮酒品，致使顾客盈满排队进店。目前，海伦司在全国门店达 739 家，并在香港上市，成为全国"小酒店第一股"。

点评

夜间经济是城市消费的新"蓝海"，特别是年轻人夜间社交已成时尚。社交型酒店前景十分广阔，成为年轻人的"第三空间"。

案例 118

产业知识图谱

当今投资机构对硬科技项目，做好技术尽调遇到新的挑战。智慧芽公司是一家科技创新情报服务商，聚焦科技创新情报和知识产权信息化两大业务。智慧芽公司凭借以往丰富全面的知识产权数据储备，辅以先进的人工智能科技，从论文、专利、新闻、投融资等公开信息中，挖掘被隐藏的大量企业实体及其关联关系，将这些所提取的信息转化为可供摸索、展示、共享的产业知识图谱。通过生物医疗产业的突破口，逐步扩展到新材料、新能源、半导体等产业，用"知识产权＋人工智能"建立知识图谱体系，有效地解决技术尽调的难题，为投资机构提供精确的决策指导。

点评

产业知识图谱作用重大，既可为投资机构提供决策指导，又可为企业发展提供科学决策。

> 案例 119

香味数字化

广州数化领航公司开发香味数字化系统。公司建立人工智能 AI 评委体系，应用情感计算技术作为基础算法，以微表情技术为切入点。人们微表情的真实情感，极短暂、不可控、无意识，这套系统根据人脸三维模型，以 AI 深度学习技术，自动分析技术识别表情，整合为标准测试方法，搭载在一个 APP 上。具体操作中，当用户闻香时，脸部对着手机 APP 的摄像头，系统需 0.13 秒就可捕捉到用户的微表情并进行多维度分析，包括愉悦、沉浸、好奇等情绪。标准化的数据积累后，结合用户的参数，就可预测人群对香型的兴趣。这套香味数字化系统开创了全新的应用场景。

💡 **点评**

通过测试消费者的微表情，人工智能深度学习就能进行大数据分析，不仅对香味场景可以应用，对其他类似场景都有借鉴。

案例 120

绿色数字化

IBM 公司率先实践绿色数字化，打造绿色 IT 基础设施技术平台，为客户和生态服务。如今，IBM 与全球超过 120 个国家的 15000 多家供应商合作，要求所有供应商建立环境管理系统。在新增供应商时，培养供应商的环保意识，评估超过 1800 家的环保系统和措施。如在赋能客户的绿色业务方面，IBM 与海洋研究组织合作，开发世界第一个全尺寸的无人值守海洋研究船"五月花号"，使用 IBM 的自动化、边缘计算，计算视觉以及环境大数据，使"五月花号"能够自由在海上行驶，观察全球变暖、海洋塑料垃圾以及海洋动物保护等，绿色数字化发挥了重要作用。

点评

绿色化与数字化是未来全球发展两大方向，将数字化与绿色化相互结合，应用数字技术和环境大数据，将是实现可持续发展的必由之路。

案例 121

自运营

阿里巴巴中的钉钉平台帮助企业从离线工作状态进入在线工作状态，如今钉钉的用户突破 5 亿企业，已深入教育、互联网、制造、医疗、政务、服务等多个行业。钉钉的主要业务有三大块：一是销售硬件，硬件大多是跟生态系统合作的；二是提供专属版和专有版，三是服务商在钉钉平台销售 SaaS 软件。现在钉钉正在从做规模转向做价值，为用户提供可自运营的基础设施，成为新时代的 Windows 平台。钉钉为用户做好自运营有三个要点：第一与企业用户共创，第二坚持最少闭环，第三保护行业隐性知识，得到用户普遍赞赏和支持。

点评

平台赋能要从平台服务走向用户自我运营，平台转向提供自运营的基础设施，这是平台升级的主导方向。

案例 122

绿色出行

高德地图与北京交通委员会共同发布国内首个 MaaS 平台，旨在为市民提供行前智慧决策、行中全程引导、行后绿色激励等全流程一站式出行服务。特别为碳减排服务，通过个人绿色出行行为记录，可折算出行节碳量，用于兑换如公交乘车券、交通卡充值码等奖励。从 2020 年 9 月 8 日到 2021 年 4 月 30 日，用户在高德地图上参与碳普惠激励行动累计减少碳排放 2.45 万吨。此次碳交易中，高德地图所积累的 1.5 万吨碳减排量，向北京市政路桥建材集团售出，获得的收益通过公共交通优惠券、购物代金券等形式全额返还至践行绿色出行的市民。

点评

绿色出行已成为新趋势，高德地图为用户绿色出行数字化服务，使用户减碳量得到交易，从而获得绿色出行好激励。

新经济浪潮

案例 123

变电所外包

江苏电力公司创新增值服务，将中小企业的变电所业务进行外包管理，现已外包变电所 3000 多家。外包变电所业务对于中小企业有三大好处：一是节省劳动力，一家变电所每个班 8 小时要 2 个人，一天就要 6 个人，外包可减少开支，减少用工。二是确保安全，变电所管理是一门专业，专业的事要有专业人来做，电力公司员工是管理变电所的专业人员可确保安全。三是科学用电，电力公司通过互联网平台远程监控变电所，对企业用电状况进行数据分析，可提供用电的精准方案，指导企业科学用电。

💡 **点评**

企业中许多主业外的业务应该实施外包，由专业的人做专业的事，既能将业务做得更好，又能节约成本减少用工。

案例 124

指数价值

上海电力公司科研院开展电力指数研究，通过指数分析：一是电力生产指数，建立电力生产指数，可系统了解电力生产状况，同时对电力的排碳进行监控，提供减碳措施；二是电力消费指数，电力消费反映产业结构状况，可对产业结构调整提供咨询方案。在新冠肺炎防疫过程中，电力消费指数清晰反映各地的复工复产情况，对生产建设起到重要指导作用；三是电网运行指数，该指数可确保电网的安全和稳定，上海电网的可靠性已超过日本东京。通过三项指数分析，上海电力为高质量发展做出了贡献。

点评

指数研究是重要的科学研究，通过指数分析能对经济和社会的运行状况做出科学判断和建议，从而实现高质量发展。

> 案例 125

UGC

UGC是用户产生内容,在小红书上大量内容是由用户产生,来自素人创作。小红书是普通人分享日常生活和经验的社区,成为用户的消费决策平台,90%的小红书用户在购买商品前都有搜索小红书的行为。用户对小红书的信任和黏性是UGC的作用,在社区里总是活跃着一群乐于为他人提供真诚建议和帮助的意见领袖,为用户带来愉悦的体验。小红书由于其种草属性和高价值力人群,已变为品牌投放的重要渠道。在消费圈中,流传一个公式:5000小红书KOC测评+2000知乎回答+名人主播=一个新品牌。

💡 **点评**

UGC即用户产生内容,这是平台经济的重要机制,由用户为用户服务,用户赋能用户。

案例 126

自主洗衣平台

无锡小天鹅洗衣机公司构建"U净"自助洗衣平台，向用户提供 LBS 定位的物联网自动洗衣服务。公司将智能商用洗衣设备、智能洗衣网络平台适配，建立满足用户多样化需求的自助洗衣终端站。用户通过手机随时随地操控洗衣机，并实时获取洗衣机的各种参数和状态值；售后人员可以根据洗衣机上传的参数，提前感知预判洗衣机故障，即时维修处理。用户通过安装感知设备，实现精准判断，洗衣耗水量下降56%，并确保洗衣质量，得到广大用户的点赞。

点评

数字化洗衣是一大创举，在数字自助平台上，洗衣数据起到关键作用，平台与用户相互共享数据，产生意想不到的价值。

案例 127

零碳先锋计划

西门子公司在中国启动"零碳先锋计划",2030年前实现自身运营碳中和,2050年实现供应链的碳中和,为此至2025年在中国帮助超过500家重点供应商加速减碳步伐,实现可持续发展。为自身和供应链的减碳,西门子公司将数字化创新作为加速器,对节能环保业务组合数字化、自动化技术与解决方案,将"绿色化"和"数字化"基因融入企业,帮助不同领域、不同规模的企业取得经济效益和社会效益的双赢。西门子公司利用数字化平台,支持智慧能源管理,可为供应链企业减排20%以上。

点评

绿色化与数字化是相互融合的。零碳的关键在于科技创新,零碳带来的不仅是能源革命,更是新一轮的产业革命。

案例 128

数字运河

江苏省文化投资公司建造大运河国家文化公园数字云平台,通过数字化、可视化呈现千年运河的历史风貌和文化底蕴,成为名副其实的"数字运河"。该云平台围绕政务服务、公众服务、企业服务,以知识图谱技术为支撑,构建云端文化大运河。对于研究者来说,云平台是一座运河图书馆,提供阅读和文献下载,为运河研究者深化服务。对于爱好者来说,云平台是一座运河体验馆,看数字修复已消失的运河地标,在线"触摸"运河的历史;对于旅游者来说,云平台是一座"运河星球",为游客提供线上与线下融合的文旅消费体验。

点评

大运河云平台是全新业态,展示运河文化的崭新风貌,既具有经济价值更具有社会意义。

案例 129

迭代速度

腾讯公司创建"腾讯会议"云平台，在新冠肺炎疫情中数以万计的企业都使用"腾讯会议室"，现在已成为企业的标配。"腾讯会议"最大的特色是迭代速度快，这个云平台上线 260 天中就迭代了 29 次，每一次迭代都能帮助企业实现不同的管理诉求，不仅是企业内部的，还包括企业间、上下游之间的协同。根据企业的需求，云平台迭代出"在线录音，实时转写"的功能；甚至当企业间在线洽谈合作时，云平台迭代出一个"云签约"的功能等。每迭代一个版本，都能让用户的"能力半径"相应扩大一个圈，深受大家的欢迎。

点评

产品与服务不是一次完成的，要根据用户需求进行迭代，这里的关键在于迭代速度，快速迭代是新的竞争力。

案例 130

区块链金融

浙江数秦科技公司深耕区块链金融,为中小微企业解决融资难融资贵的问题。数秦公司应用区块链技术搭建云服务平台,一是建桥墩,就是建立底层技术架构,聚焦"区块链+大数据"核心技术,在业内首创区块链云平台,为产业区块链建设基础设施;二是扩管道,就是开发各类应用场景,公司先后发布"保全网""数融平台""数农平台"等产品,修筑区块链技术落地的高速公路;三是促循环,就是数据流通,推动数据要素在建好的管道上流通循环。现在产业区块链平台接口调用总量已超过亿次,累计交易量超过2万亿元,为中小企业解决信贷5000多亿元。

点评

区块链是信任链、价值链和监管链,在金融上的应用场景效果明显,将为经济社会发展发挥重要作用。

案例 131

装配式建筑

当今，装配式建筑悄然兴起，深圳新型装配式建筑已开始为公司应用在标准厂房、办公楼、医院、学校、实验室等诸多方面。其主要特点有：一是数字化设计，在设计中应用数字孪生，先做数字模型，用户参与设计，同时采用3D打印软件设计；二是标准化生产，根据设计构建各种模块，实施标准化生产；三是装配化建设，将标准模式到建设场景中进行装配和运营；四是连锁式推广，在深圳取得成功后向各地组织推广。装配式建筑比传统建筑造价下降三分之一，建设周期缩短为三分之一，取得了十分可喜的效果。

点评

传统建筑是单项建设，造价高周期长。装配式建筑是建筑行业的大生产方式，采用标准化模块装配而成，大大提高了现代化建设水平。

案例 132

二手奢侈品

当今，二手奢侈品市场高速增长，一批二手奢侈品电商平台悄然兴起，深得消费者特别是年轻人的青睐。妃鱼是二手奢侈品电商平台的开拓者，已在业界打造了成功品牌。妃鱼的主要做法是"直播电商+专业鉴定"。首先搞直播电商，妃鱼在直播领域具备标准化和批量化复制的能力，通过直播带来场景化逛街式的体验，使用户体验升级。同时妃鱼自带流量，获客成本降低。其次请专家鉴定，聘请中检集团奢侈品鉴定中心的专家鉴定，大大提升了品质的权威性。"直播电商+专业鉴定"已成为二手奢侈品市场的创新交易模式。

💡 点评

二手奢侈品市场快速发展，催生新的市场交易模式，直播电商解决用户体验，专家鉴定解决用户信任，成为创新的交易模式。

案例 133

天才少年

华为集团发起"天才少年"项目，选择招聘标准非常严格，需要经历7轮流程，包括简历筛选、笔试、初面、主管面试、若干部长面试、总裁面试、HR面试。在"天才少年"培训过程中，采取四步：第一，进一步沟通了解他们的长处；第二，"好钢用在刀刃上"，把业务痛点、难点介绍给他们，做好创始从0到N的连接；第三，鼓励他们主动发现问题、解决问题；第四，提供很好的实验室氛围，鼓励自由思考和讨论。两年来，有17人入选"天才少年"，多数是25-30岁刚毕业的博士研究生，在部分岗位已取得关键性成果。

点评

"天才少年"项目意义重大，企业科技研发要从年轻人培育抓起，激活"天才少年"团队攻坚"世界难题"，这是重大发展战略。

案例 134

国际人才特区

广州市南沙区是国家级新区、自贸试验区、粤港澳全面合作示范区,需要大量科技人才,特别是国际化人才,重点建设"国际人才特区"。为此南沙区转变引才方略,从政策引才转向环境引才,从打造一流营商环境转向打造一流营智环境。所谓营智环境就是一切有利于人才发展及其智力成果运营的环境,为人才智力迸发提供各类要素支撑,并将营智环境与营商环境相互依存、相互影响、相互促进。国际人才特区除了为人才提供优裕生活环境外,关键要搭建国际人才交流平台、继续学习平台、全球科技信息传播平台、知识产权保护平台等,以提升国际人才的发展水平。

点评

从营商环境到营智环境,是人才发展政策的重大变革,特别是国际人才,最需要的是科技信息交流和人才继续学习的环境。

案例 135

未来汽车

高合汽车公司向未来汽车进军，新产品 HiPhiZ 用未来科技定义汽车，其设计灵感源自爱因斯坦的狭义相对论，以思想"穿越时空"，将永生的数字灵魂注入机器，创造数字汽车生命体。从外观来看，体现科技路线，好像一辆来自外太空的星际战车，具有满满的宇宙机甲风。从内部来看，高水平的智能辅助驾驶，并与世界顶级游戏软件公司合作，成为全球首家全数据链引擎的汽车，像电竞游戏一样好玩。从操作系统看，应用全球首款多轴位移的车载数字机器人，能与用户进行如同人类般的情感交互。这是人性基因植入数字基因的觉醒，让用户领先抵达未来。

点评

未来新世界的汽车，不止是车，而是数字生命体，让数字化灵魂外显，使人与汽车的互动表达更具生命感。

案例 136

绿色发展先锋

万国数据是中国大数据中心的领先企业，公司立志做 IDC 产业的绿色发展先锋。围绕这一目标采取四大举措：一是自建智能化指标平台，通过预制模块化与 AI 技术深度融合，实现设计优化、大规模敏捷交付和精细化高效运维，最终降低全周期碳足迹。二是投资新能源，结合绿电、水电、风、光相关能源直购和绿证采购，优化数据中心的能源结构。三是低碳供应链，构建数据中心生态体系，将自身碳中和能力赋能低碳供应链。四是积极参与碳交易，持续实践碳减排先进技术。万国数据以自己的模范行动成为绿色发展的先锋。

点评

数据中心是能源消耗大户，万国数据自觉实践绿色发展，主动承担社会责任，成为行业的绿色先锋。

案例 137

共同成长

汇丰（中国）银行对新经济情有独钟，与新经济企业共同成长。汇丰扶持新经济企业的主要考虑：新经济行业的业务组成和企业结构不同于传统经济行业，判断融资以及授信规模重点把握三条标准。首先是该企业所处的行业要快速增长；其次是企业在该行业中的竞争力，包括公司本身、公司产品和技术具备长期竞争力；最后是管理层风格，踏实专注于主业发展，以达到稳健经营的目的。对符合三条标准的新经济企业，无须抵押担保即提供贷款。随后汇丰陪伴企业成长，量身定制全生命周期的服务。

点评

新经济企业发展迅速、变化频率高，对于银行来说既是机遇，又是挑战，汇丰银行走出了一条与新经济企业共同成长的好路子。

案例 138

开发者平台

科大讯飞公司建设人工智能开发者平台，为全球 AI 开发者赋能，成为源头技术创新的策源地。科大讯飞的人工智能开发者平台有三大特点：一是规模化，一年中新增实名认证的开发者 108 万名，发展趋势越来越快；二是年轻化，在新增开发者平台中，87% 的开发者是 30 岁以下的创业者，具有强大的活力；三是场景化，开发者应用场景越来越丰富，覆盖行业领域越来越广泛，其中 60% 是为工业生产制造的应用。至今科大讯飞已经拥有 400 多项人工智能的能力，成为中国 AI 基础算法的集大成平台。

点评

开发者平台是平台经济的新优势，具有强大的生命力。开发者平台为开发者赋能服务的同时，组织开发者之间互动交流，相互赋能形成开发者生态系统。

案例 139

世界一流大学

斯坦福大学是世界著名的一流大学，一流大学的学生是如何学习的：一是充分信任学生的"荣誉考试制度"，该制度既无老师监考，又能带上教学用品，这是一种信任的契约。二是教室座位由学生自觉坐在前几排，充分反映学生的学习热情。三是学生在"教授门诊"排队，专门解答学生的学习疑难问题。四是拥有国际视野，及早接触前沿科学。五是五花八门的学术团体和读书会。六是足够大的生活和学习空间。这样的世界一流大学值得认真学习。

点评

世界一流大学的可贵之处是给学生以信任，给学生以自由，给学生以能力，而不是单纯的知识，这是最值得称道的。

案例 140

数字西湖

新的旅游为"云旅游"。由于新冠疫情，人们无法在风景区内大量聚集，每个景点采用 3D 数字化，杭州西湖尝试"元宇宙"旅游，将西湖 18 景全部数字化，取得了意想不到的效果。旅游者在"数字西湖"中看到的 18 景栩栩如生，深度沉浸式观赏，比身临其境的感觉更加美好。许多原来去不到的地方现在一览无遗，而且能够互动，还能照相和摄影。旅游者需要排队购票，300 元一张票，一票难求。旅游的数字化创新开拓了全新的发展道路。

点评

旅游数字化是新的创举，不仅是疫情期间的权宜之计，更是旅游发展的新空间，"旅游+元宇宙"前景无量。

案例 141

数字新机场

北京大兴机场的建设与众不同，不是先建实体机场，而是先建新机场的数字模型，然后再建机场。根据新机场的设计思想，先设计一个数字机场，从机场的地下到地上，从外形到内设，从总体到局部设计好3D动态模型，将数字机场模型即数字孪生广泛征求领导、专家、客户意见，前后修改300多次，得到大家的广泛认可。在此基础上投入实体机场的建设，如此大大缩短了建设周期，同时节约了建设成本，更重要的是得到各个方面的赞同，为机场建设开辟了全新的建设模式。

点评

先设计数字模式，再进行实体建设是全新的建设模式，现已广泛应用于重大建设工程，这种模式被称为数字孪生的BIM模式。

案例 142

产业社区

新兴产业社区以产业为基础，融入城市生活功能，成为产业要素与城市协同发展的新型产业集聚区。美国硅谷的谷歌园区是新兴产业社区的典范，其主要特征：一是空间更开放，开放性营造人人可参与的社区环境，激发产业人群的创新力。二是社群更突出，围绕产业人群喜好，吸引人群聚集，形成各种社交圈。三是功能更多元，拥有商业、休闲、教育、医疗等生活配套功能。四是产业链更聚焦，围绕产、学、研一体化，形成以创新为核心的产业范围。这样的社区具有更强大的发展生命力。

点评

新兴产业社区突破传统工业园以产业为中心的格局，打造以人为本的新型产业社区，构建"生活即工作"的全新发展格局。

案例 143

耳朵经济

中文播客热衷于个性化的表达和观点输出，以满足自己的"表达欲"。为满足播客需求，小宇宙公司专注于播客这个垂直细分领域。小宇宙的出现，将全网的播客主播和听众汇聚到一起，搭起播客生产者与听众消费者之间的桥梁，同时将对播客的认知扩展到更为广泛的人群之中去。目前小宇宙订阅量1000人以上的节目已经超过1000个，付费用户超过25000人，今年小宇宙作为平台对付费节目不抽成，以帮助主播加速商业化。未来小宇宙将推出平台自身的播放内容，打造"耳朵经济"的全新品牌。

点评

"耳朵经济"是全新的业态，搭建相应平台，既满足播客的"表达欲"，又满足消费听众的新需求，三者实现了多赢。

案例 144

二手货

闲鱼网是专营"二手货"的大平台，二手货除二手车外，还有旧家电、旧手机、旧家具、旧服装、旧书等都是二手商品。闲鱼网顺应年轻人的"二手"生活，建立便宜、环保、稀缺的二手市场。有位女士去年生了宝宝，想买个外出方便且安全的品牌婴儿车，在实体店里，新车一般要 1500 元以上，贵一点的则要 3000 元，让这位工薪阶层的女士有点犹豫。于是她上闲鱼网试一试，没费劲就淘到九成新的品牌婴儿车，仅需 200 元。人家出售也真不是为了钱，只是嫌放在家里太占空间了。二手货对于买家和卖家都有需求，闲鱼网为双方搭建桥梁，实现了三赢。

点评

二手货越来越多，要物尽其用，让"浪费"变"消费"，专营二手商品的网站从中起到重要作用。"二手生活"已成为年轻人的喜好，市场前景将越来越好。

案例 145

智能头盔

西班牙一家创业公司，研发基于人工智能技术，配备有安全气囊的自行车头盔。该头盔内置多个传感器，可以收集佩戴者运动过程中的骑行速度、运动轨迹和加速状况等信息，通过内置芯片进行分析。一旦检测到事故发生，安全气囊将在千分之一秒内被激活，在启动后对车载人员头颈部进行保护。同时，芯片将通过智能手机发送预警信息给相关人员紧急援助，并对佩戴者进行定位。此外头盔还加入预防事故功能，当靠近危险区域发出提醒。现在智能头盔已推广应用于体育运动,包括速滑、马术和滑雪等，受到消费者的普遍欢迎。

点评

智能化应用于方方面面，智能头盔对提供安全保障起到重要作用，这是人工智能释放的巨大应用价值。

案例 146

金桥三座城

上海金桥城市副中心，在土地不出让的情况下，打造"地上一座城、地下一座城、云端一座城"的新城区。"地下一座城"是立体城市，城下三层配置机器人停车系统，地下二层、一层是丰富多彩的餐饮商业、人防、环卫、物流、防汛等公共配套设施。"地上一座城"是地面建筑，包括亚洲最大最深的潜水中心、大型演艺中心、双语学校、定制化研发等，所有建筑通过空中连廊和地下通道连接起来，屋顶还有具备减碳和休闲功能的空中花园。"云端一座城"是云服务平台，应用城市信息模型和人工智能，打造可感知、可学习、可成长的城市"生命体"，成为全周期的"聪明城市"。

点评

金桥构建"三座城"是重大创举，这是新城建设的典范，特别是"云端一座城"充分体现了科技化的时代新城。

案例 147

园区物联网

上海交通大学智慧物联创新学院为开发园区创建物联网云平台，将园区中大型建筑和重大设备互联互通，应用大数据进行统一管理，取得良好效果。一是安全巡检，物联网云平台通过人工智能 AI 技术进行远程控制，确保重点设备和装置的安全运行，发现问题预先作出报警。二是节约用能，通过对互联设备的用电、用水、用气的大数据分析，提出节约用能的建议。三是减少浪费，人工智能 AI 对建筑大楼中用电用气进行监控，在无人情况下及时关灯关空调，杜绝浪费。园区物联网平台为其平均节约各种费用 20% 以上。

点评

园区物联网的作用很大，既能确保各种设备的安全运行，又能节约用电用水用气，还能为大楼减少浪费，是一举多得的好措施。

案例 148

无所不在的商店

加拿大电子商务企业肖皮菲公司是一家"无所不在的商店"。新冠肺炎疫情突发后，肖皮菲公司终止在渥太华等6座城市的办公室租约，宣布7000名员工全部实施永久性虚拟办公，其雇员和客户都在"数字空间"。为此肖皮菲以每月30至2000美元的价格，为其客户提供十几种经营网店所需的服务，涵盖从实际的电商网站到库存管理再到网络支付服务等，帮助陷入供应链短缺和通货膨胀困境的中小型零售商。目前，肖皮菲又有200多万商户入驻其平台，打造了全球知名的"无所不在"的电商称号。

点评

"无所不在"只有在"数字空间"方能实现，彻底永久性虚拟办公是重大变革，将数字世界的全方位运作，转化为实体世界的"无所不在"。

案例 149

数字办公室

元宇宙平台公司2021年推出"数字办公室",从"在线"办公室转向"在场办公",如同正常办公室工作一样。在"数字办公室"中,员工为自己创建一个"数字化身",与其他人在笔记本电脑上协同工作,通过佩戴VR眼镜还可以在办公室中自由活动,处理各种事务。这种数字化办公模糊了公司与家庭的边界,使工作变得越来越人性化,不但对员工有极大的吸引力,而且为公司节约了大量开支,真正实现了双赢。

点评

"数字办公室"与目前的"腾讯会议室"最大的不同,是从"在线办公"走向"在场办公"。似同正常办公室中工作一样,这就是办公元宇宙。

案例 150

AI 大模型

2018年起美国的谷歌、微软、英伟达等科技公司纷纷布局大模型产业，中国的华为、阿里、百度等也加入研发赛道。AI大模型相当于"超级大脑"，正成为人工智能"新富地"，标志人工智能从感知到认知的跃迁。AI大模型为人工智能预训练模型，将海量数据导入具有几亿量级甚至十万亿量级参数的模型中。机器通过深度学习数据中心蕴含的特征和结构，最终被训练成具有逻辑推理和分析能力的人工智能。目前，AI大模型已适用于医疗、金融、零售、气象、创作等应用场景，取得了较为满意的效果。

点评

人工智能已进入"大模型时代"，从感知智能走向认知智能，既能理解人类的知识，又能产生新的知识，实现人工智能的新飞跃。

案例 151

"崔筱盼"数字化员工

2021年度万科公司优秀新人奖的员工"出圈"了，这位名叫"崔筱盼"的员工并非真人，而是数字员工。"崔筱盼"是在人工智能算法基础上，依靠深度神经网络技术渲染而成的虚拟人物形象，目的是赋予人工智能算法一个拟人的身份和更有温度的沟通方式。自2021年2月入职以来，随着算法的不断迭代，"崔筱盼"的工作内容陆续增加，从最开始发票与款项回收事项的提醒工作，扩展到如今业务证照的上传与管理、提示员工社保公积金信息维护等，深受员工的喜爱，一致评定"崔筱盼"为优秀员工。

点评

数字人的出现是数字化发展的必由之路，今后企业里有两类员工，一类是人类员工，另一类是数字员工，两类员工协作共事。

案例 152

未来工厂

浙江省引领"未来工厂"建设，推动浙江新"智造"，到 2021 年底已有 45 家企业探索"未来工厂"试点，取得显著成效。如第一批试点企业中国移动金华分公司横店东磁工厂建设"5G+智慧工厂"，通过 5G 网络连接全生产线 1000 多个终端，从生产、管理、物流到检测等各个系统实施联网互通。现在日均生产 105 万片单晶电池片，AIAGV 检测 200 毫秒完成，208 台移动 AGV 机器人从一天掉线 10 次降为"0"，从根本上降本提质，提高效益，充分体现了"未来工厂"的竞争力。

点评

"未来工厂"在数字化转型中起到引领作用，通过协同制造、共享制造、定制制造，探索制造业的新模式生态。

案例 153

魔法衣橱

电商巨头亚马逊最近开设首家时装店，加入科技元素，大量应用人工智能 AI 建立"魔法衣橱"，从廉价商品到奢侈品名牌一网打尽。客户可通过亚马逊 APP 扫描二维码，在线挑选自己想要的服装款式，随后通过手机解锁试衣间。同时通过试衣间的触摸屏，根据算法向消费者推荐更多的商品。消费者也可以通过填写偏好问卷，员工就将其选中的商品和算法推荐的商品一起放入试衣间，并获得新的实时推荐，真正实现从"人找商品"到"商品找人"，最极致的购物体验。

💡 **点评**

建实体门店不是传统门店，而是新型的数字门店，由智能算法推荐给顾客最合适的商品，做到"商品找人"。

案例 154

"桩到家"平台

无锡挚达联科技公司自主开发电动汽车充电的"桩到家"平台，共同开发四个核心业务，包括"家充桩安装""社区共享桩""社区路演"和"充电增值服务"。"桩到家"平台分前、中、后四大系统：分别是"主动服务系统""服务商 SaaS 系统""共享桩管系统"和"用户 APP"。通过全数字系统，以更高效的流程、更健全的业务数据、更高交互性和更标准化的车企对接，赋能"桩到家"实现更庞大的客户服务能力，至今已服务全国新能源车主超过 15 万人，覆盖 360 个城市，为广大客户提供更为方便的服务。

点评

"桩到家"平台是新能源汽车产业生态中的重要组成，服务于电动汽车的充电"痛点"，为新兴的绿色交通方式作出重大贡献。

案例 155

生态竞争

汽车竞争已进入 4.0 时代的"生态竞争"。所谓生态级竞争，就是拥有完整的汽车制造能力，拥有新能源、智能化产业链全面布局的竞争。长城汽车公司是业内屈指可数的生态级车企，已具备从新能源技术、动力电池等核心零部件、新能源产品，到自动驾驶在内的线控地盘、智能座舱、自动驾驶计算平台等能力，建立了完善的全生态产业布局,成为多面造车能力的车企。在完善的生态体系中，长城汽车的品牌、供应链、技术多个维度相互链接、彼此赋能，在行业内率先形成了全产业链协同发展的新优势。

点评

当今产业竞争不是单纯的企业之间竞争，而是产业生态的竞争，长城已成为汽车企业转型的新样本。